O SUTIL DESEQUILÍBRIO DO ESTRESSE

BEL CESAR E SERGIO KLEPACZ
COM LAMA MICHEL RINPOCHE

O SUTIL DESEQUILÍBRIO DO ESTRESSE

Conversas entre uma psicóloga, um psiquiatra
e um Lama budista

© Isabel Villares Lenz Cesar, 2011
© Sergio Klepacz, 2011
1ª Edição, Editora Gaia, São Paulo 2011
2ª Reimpressão, 2022

Jefferson L. Alves – diretor editorial
Richard A. Alves – diretor de marketing
Flávio Samuel – gerente de produção
Dida Bessana – coordenadora editorial
Iara Arakaki – assistente editorial
Marcia Costa – edição de texto
Rita Narciso Kawamata e Iara Arakaki – revisão
Bel Cesar – foto da capa
Tathiana A. Inocêncio – capa e projeto gráfico

Na Editora Gaia, publicamos livros que refletem nossas ideias e valores: Desenvolvimento humano / Educação e Meio Ambiente / Esporte / Aventura / Fotografia / Gastronomia / Saúde / Alimentação e Literatura infantil.

Dados Internacionais de Catalogação na Publicação (CIP)
(Câmara Brasileira do Livro, SP, Brasil)

Cesar, Bel
 O sutil desequilíbrio do estresse : conversas entre uma psicóloga, um psiquiatra e um Lama budista / Bel Cesar e Sergio Klepacz ; com Lama Michel Rinpoche. – São Paulo : Gaia, 2011.

 ISBN 978-85-7555-257-5

 1. Corpo e mente 2. Emoções 3. Estresse (Psicologia) 4. Filosofia budista 5. Meio ambiente 6. Psicologia 7. Psiquiatria I. Klepacz, Sergio. II. Rinpoche, Michel. III. Título.

11-03680 CDD-155.9042

Índices para catálogo sistemático:
1. Estresse : Psicologia 155.9042

Obra atualizada conforme o
NOVO ACORDO ORTOGRÁFICO DA LÍNGUA PORTUGUESA

Editora Gaia Ltda.
Rua Pirapitingui, 111-A — Liberdade
CEP 01508-020 — São Paulo — SP
Tel.: (11) 3277-7999
e-mail: gaia@editoragaia.com.br

g globaleditora.com.br   f /editoragaia
▶ /editoragaia   @ @editora_gaia
💬 blog.grupoeditorialglobal.com.br

Direitos reservados.
Colabore com a produção científica e cultural.
Proibida a reprodução total ou parcial desta
obra sem a autorização do editor.

Nº de Catálogo: **3272**

Berachá de Asher Yatsar

Baruch Atá A-do-nai
E-lo-hê-nu Mêlech haolam,
Asher yatsar et haadam bechoch-má
Uvára-vô necavim necavim
Chalulim chalulim.
Galui veyadúa lifnê Chissê chevodêcha
She´im yissatêm echad mehêm
O im yipatêach echad mehêm
I efshar lehit-cayêm afilu shaá echat.
Baruch Atá A-do-nai
Rofê chol bassar umafli laassot.

Benduto és Tu, A-do-nai
Rei do Universo
Que formou o homem com sabedoria
E nele criou muitos orifícios e cavidades.
Está revelado e sabido
Perante o Trono de Tua glória que
Se um deles estiver bloqueado ou se um deles estiver aberto
Não será possível sobreviver nem mesmo por um curto espaço de tempo
Bendito és Tu, A-do-nai
Que cura toda carne e faz maravilhas.

Dedicações

Por Lama Gangchen Rinpoche

SEMTCHEN TAMTCHE LU SEM GUI
DU NGAL LE SO SHIN TEL IUN LU SEM
DEWA DAN DEN PAR GUIUR TCHIG

SEMTCHEN TAMTCHE NGAL SO
TOP SHIN TCHI NAM NO TCHIU
KORYUG TAM SHING TSANG MAR NE GUIUR TCHIG

SEMTCHEN TAMTCHE TAN ZAMBULIN
KI KIENDO TADA TCHI NAM NHI SHI DE
DAN DUKUN DENPAR GUIUR TCHIG

Possam todos os seres se recuperar das doenças causadas pela poluição física e mental e gozar de saúde relativa e absoluta agora e sempre.

Possam todos os seres relaxarem num meio ambiente interno e externo puro e saudável agora e sempre.

Possam todos os seres desfrutar da paz interna e da paz no mundo agora e sempre.

À Lama Gangchen Rinpoche
por todo seu amor e ensinamentos
sem os quais não poderíamos
ter escrito este livro.

À Lama Michel Rinpoche
por compartilhar conosco
sua experiência e sabedoria.

À Marcia Costa
por nos ajudar a expressar
nossas ideias de forma
clara e organizada.

Sumário

Prefácio por Bel 15

Prefácio por Sergio Klepacz 19

Introdução 21

Uma conversa com Lama Gangchen Rinpoche sobre a natureza interdependente da mente e do corpo 27

Capítulo 1: A base de nosso ciclo biológico: o ritmo circadiano 31

Capítulo 2: As consequências de não respeitarmos o nosso relógio interno 35

Capítulo 3: O poder organizador dos sonhos 41

Capítulo 4: Saber relaxar sem se desconectar 49

Capítulo 5: A grande armadilha da natureza do homem é que somos feitos para achar problemas 51

Capítulo 6: O estado de confiança radical 55

Capítulo 7: Estresse: sentimento de insegurança e ameaça 59

Capítulo 8: O hipocampo e a capacidade de regeneração 63

Capítulo 9: Estresse crônico: um desequilíbrio progressivo 67

Capítulo 10: O estado depressivo: uma espécie de microdegeneração do cérebro 71

Capítulo 11: O bom funcionamento da mente depende tanto da produção de novos neurônios, quanto da possibilidade de ter boas experiências 75

Capítulo 12: Incoerência gera estresse 79

Capítulo 13: A síndrome de Burnout, o transtorno do estresse pós-traumático e a crise de pânico 83

Capítulo 14: Há algo em nosso mecanismo interior que "entende" e "interpreta" nossos limites   87

Capítulo 15: As emoções contagiam: somos moldados neurologicamente por nossos relacionamentos   93

Capítulo 16: Viver sob alerta: quando o eixo de estresse é facilmente acionado   97

Capítulo 17: Quando o autoconhecimento nos liberta dos padrões destrutivos de relacionamento   101

Capítulo 18: Inteligência emocional: a habilidade de aproximar-se e reconhecer os próprios sentimentos e os dos outros   105

Capítulo 19: O ciclo do eixo saudável de estresse   109

Capítulo 20: Fugir ou contra-atacar?   117

Capítulo 21: O ciclo do eixo de estresse crônico   121

Capítulo 22: Para onde estamos caminhando com o estresse crônico?   125

Capítulo 23: Respeite seus limites de crescimento   131

Capítulo 24 : A interpendência entre mente, corpo e meio ambiente – *com Lama Michel Rinpoche*   135

Capítulo 25: Como tratar a dor emocional – *com Lama Michel Rinpoche*   141

Capítulo 26: Quando a dor emocional se torna incontrolável   147

Capítulo 27: A técnica do EMDR: como lidar com a dor emocional "sem saída"   155

Capítulo 28: Um pouco mais sobre a técnica de EMDR   161

Capítulo 29: A dor que não vai embora é aquela que não foi sentida, vista e reconhecida   165

Capítulo 30: O que é a felicidade? – *com Lama Michel Rinpoche*   169

Capítulo 31: Não é possível gerar felicidade artificialmente – *com Lama Michel Rinpoche*   175

Capítulo 32: A diferença entre satisfação e prazer   181

Capítulo 33: A hiperatividade: uma busca constante por novidade   187

Capítulo 34: A malnutrição desencadeia uma insatisfação crônica   197

Capítulo 35: Quando falta algo para ser feliz   201

Capítulo 36: Não há regra que garanta a felicidade   205

Capítulo 37: Saúde e consciência – *com Lama Michel Rinpoche*   209

Capítulo 38: Os sentimentos inadmissíveis   215

Capítulo 39: Parar de evitar a si mesmo   219

Capítulo 40: A capacidade de se autossustentar   223

Capítulo 41: Quando se sentir à mercê do imprevisível gera estresse – *com Lama Michel Rinpoche*   227

Capítulo 42: Lidando com a doença e a morte – *com Lama Michel Rinpoche*   231

Capítulo 43: Uma mente saudável   235

Capítulo 44: Um corpo saudável   239

Capítulo 45: Um meio ambiente saudável   243

Capítulo 46: Mudar mesmo quando não acreditamos na mudança   249

Capítulo 47: Dar um novo início para si mesmo, uma nova chance   253

Capítulo 48: O excesso de estresse acelera o envelhecimento – *com Lama Michel Rinpoche*   257

Capítulo 49: O sutil desequilíbrio do envelhecimento   261

Glossário   269

Índice remissivo   287

Índice de fotos   293

Contatos   297

Prefácio

Por Bel

Este livro levou dois anos para ficar pronto. Inicialmente Dr. Sergio e eu nos encontramos com regularidade uma vez por semana durante alguns meses com a proposta de conhecer melhor nossos respectivos trabalhos. Estas conversas foram gravadas já com a intenção de escrevermos um livro.

Confesso que, no começo, me sentia mais recebendo do que dando informações, pois minha curiosidade sobre as questões que ele trazia era enorme. Sempre quis entender como os estados mentais e o meio ambiente agem sobre o nosso cérebro, pois desta forma podemos ter uma compreensão mais objetiva de nossas emoções.

Depois de um certo período, consideramos que já havia muito material gravado. Estava na hora de organizá-lo. Assim, pacientemente, a Wanda Rizzi transcreveu todas as nossas conversas. Estas pareciam bons retalhos para uma colcha. E, como gosto de escrever, costurá-los foi um desafio muito agradável. No entanto, não havia ainda entre eles suficiente harmonia para tornarem-se um livro.

Durante a visita de Lama Michel Rinpoche a São Paulo, em abril de 2009, compartilhamos com ele nossas dúvidas e reflexões e pudemos enriquecer o livro com sua sabedoria e experiência de vida.

Neste entretempo, Dr. Sergio e eu passamos a atender um número cada vez maior de pacientes em comum, o que nos ajudou a compreender na prática o nosso modo de trabalhar. As conversas e e-mails trocados sobre as questões que surgem durante os tratamentos dos pacientes passaram a ser incorporados no texto do livro que gradualmente ganhava forma. Dr. Sergio, muito generoso e prestativo, pacientemente esclarece minhas dúvidas de modo simples e compreensível. Sempre atualizado com as pesquisas de ponta, suas explicações nos ajudam a ampliar a percepção da realidade.

Durante o segundo ano, voltamos a nos encontrar semanalmente para discutir nossos casos em conjunto e reler os textos que agora já se apresentavam de um modo bem estruturado. Mas, mesmo depois de passá-lo por duas revisoras de texto, ainda não estávamos satisfeitos. Foi quando a Marcia Costa aceitou o desafio de organizá-los na forma como agora eles se apresentam. Este é o meu terceiro livro escrito com sua editoração. Além da grande afinidade e amizade que sentimos uma pela outra (apesar da distância, ela mora no Rio de Janeiro e eu, em São Paulo), o modo claro e preciso com que ela trabalha nos ajudou enormemente a expressar nossas ideias. Sem perder a harmonia entre o tom e as palavras usadas originalmente, Márcia organizou o texto de modo que agora nossas conversas estavam prontas para publicação.

Contudo, nosso trabalho foi suspenso temporariamente, durante alguns meses devido a longa viagem que fiz à Índia com meu marido, Pete, meus filhos, Fernanda e Lama Michel, e toda equipe de gravação para as filmagens do documentário que Lama Michel está realizando sobre a Linhagem Espiritual. Depois de voltar e mostrar as fotos que tirei durante a viagem ao Dr. Sergio, ele teve a ideia de incorporá-las ao livro. O que fiz com enorme alegria junto de Renata Zincone.

Texto, fotos, ação. O livro ficou pronto!

Aproveito para agradecer mais uma vez ao Jefferson Alves da Editora Gaia pela confiança e estímulo à publicação de mais um livro.

Prefácio

Por Sergio Klepacz

Quando a Bel me mostrou a arte final desta obra praticamente pronta, me encantei, era como se estivesse ganhando um presente repentino, sem que houvesse qualquer data comemorativa ou motivo para tal. Comentei, meio constrangido sobre a minha menor participação em tudo que estava vendo: as fotos, as ideias da formatação, tudo me pareceu perfeito. As mãos da Bel haviam me guiado por esse caminho que culminou nesse livro.

Com sua costumeira calma e compreensão, Bel os muitos momentos nos quais conversamos a respeito de nossos pacientes e da nossa visão uniforme desses casos, apesar das nossas diferenças quanto à formação profissional e até pessoais. A Bel é uma pessoa com uma forte inspiração espiritual, baseada no Budismo Tibetano. Ela é uma psicóloga que busca resultados efetivos na cura de seus pacientes, sem se perder nas inúmeras correntes e teorias vigentes. Eu, um médico psiquiatra, com formação em psicofarmacologia, atualmente militando nas fileiras da medicina complementar, e judeu liberal contemporâneo.

Em dado momento percebemos que havia um denominador comum na nossa visão a respeito dos casos que discutíamos: a natureza complexa e sutil do ser humano. Em nossas conversas, foi ficando cada vez mais claro o modo como as pequenas incoerências do nosso dia a dia acionam o eixo de estresse, causando sutis modificações na nossa química cerebral. Percebemos como a mente, a serviço da manutenção da sobrevivência a qualquer custo, pode sofrer um acúmulo sutil de desbalanços químicos que levam a um processo de sintomatologia absolutamente inesperado, de cunho psicopatológico.

Lama Michel Rinpoche nos trouxe a visão milenar do Budismo Tibetano, o que contribuiu para o nosso objetivo de buscar esclarecer a complexidade da psique, bem como da existência humana sem nos deixar limitar pelas barreiras impostas por teorias exclusivas. Desse modo, acredito que conseguimos reunir interessantes informações que podem ser úteis a quem busca uma fonte de inspiração para uma vida mais equilibrada.

Introdução

BEL

Dr. Sergio, você é psiquiatra e eu, psicóloga. Você se dedica basicamente às questões mentais relacionadas à bioquímica do corpo, e eu, às mentais, sob o ponto de vista emocional. No entanto, apesar de na prática termos a experiência de interligar nossas áreas, a tendência geral ainda é olhá-las como distintas entre si. Não é incrível, como ainda encaramos o corpo e mente separadamente?

DR. SERGIO

De um modo geral, as pessoas realmente têm essa noção. Eu acho esse assunto fascinante. Foi o que me inspirou a estudar psiquiatria. Como o cérebro "gera" a mente? E como a mente controla o corpo? Acho que essas são as questões que vão inspirar este nosso livro.

BEL

É interessante observar como a separação corpo-mente é uma questão puramente ocidental. As filosofias e terapias médicas orientais sempre consideraram que há uma relação íntima entre o corpo, a mente e a natureza, seja ela, astronômica, geológica ou ecológica.

O que poucos sabem é que essa separação remonta ao século XVII, quando se firmou um acordo entre o médico e filósofo Descartes e a Igreja Católica. Descartes queria dedicar-se ao estudo da anatomia, por meio de cadáveres humanos. No entanto, como a prática era proibida pela Igreja, ele prometeu que estudaria "só o corpo físico" e deixaria os cuidados da alma ao papa. E assim continua há mais de 300 anos!

O ponto é que conhecemos muito pouco a respeito de nós mesmos. Esperamos e imaginamos ter condições que simplesmente não temos, sentimos culpa, inadequação e nossas tentativas de acerto muitas vezes são ineficazes.

Acredito que, à medida que o conhecimento da neurociência se tornar popular, e pudermos conhecer melhor nossas reais condições neuroquímicas, aprenderemos a lidar melhor com nossas limitações individuais. Aliás, essa é a intenção deste livro: ajudar a tornar esse conhecimento acessível a todos.

Normalmente, uma pessoa que não consegue responder de maneira ponderada aos desafios cotidianos é vista como imatura ou como portadora de alguma falha de personalidade.

A sociedade, a família, os amigos e até mesmo os terapeutas esperam que o indivíduo tenha capacidades que ele basicamente não possui. Por exemplo, uma pessoa hiperativa não vai conseguir se concentrar apenas porque lhe foi pedido ou porque se propôs a isso. Pode parecer que ela é do contra ou que não está respeitando o que lhe é dito, mas o fato é que ela simplesmente não tem condições neuroquímicas de se controlar! Essas pessoas sofrem por não conseguir um autocontrole que para muitos é natural. Então, não é uma questão de esforço próprio ou de força de vontade. Como em qualquer outra deficiência biológica, elas precisam de uma ajuda medicamentosa, além, naturalmente, do desenvolvimento interior por meio do autoconhecimento.

Dr. Sergio

Nesse sentido, o que um trabalho interno ou uma técnica mental talvez pudesse fazer é ajustar esse indivíduo com seu real potencial e, com isso, diminuir sua sensação de incapacidade. No meu trabalho, o que eu faço é ajustar e graduar a química e tenho conseguido bons resultados, tornando-a compatível com a idade e as expectativas do sujeito.

Bel

Outra questão importante a se levantar é a do forte preconceito em relação à medicação: o medo dos efeitos secundários negativos – como ter menos libido, perder contato com as emoções e tornar-se dependente – são ainda muito fortes. Afinal, qual é a verdade nisso tudo? O que é preciso saber quando se toma um medicamento psiquiátrico?

Dr. Sergio

A psicofarmacologia é uma ciência fascinante e ainda um grande mistério. Teoricamente conhecemos a maioria dos mecanismos ativos das drogas, mas é quase impossível saber com certeza como uma droga vai agir no organismo de uma determinada pessoa.

Vamos considerar, por exemplo, o mecanismo de ação de um antidepressivo clássico no organismo: ao ser ingerido, o fígado, primeiramente, tem de transformá-lo em seu princípio ativo, por meio de enzimas específicas. O passo seguinte é impedir que a serotonina seja destruída ou recolhida para dentro da célula. Somente após alguns dias é que essa reação ocorrerá propriamente no cérebro, dando início ao verdadeiro efeito desejado.

Uma vez que o processo é complexo, depende de diversos fatores e mecanismos, e que possíveis deficiências inatas podem impedi-lo de ser concluído, o efeito terapêutico desejado poderá simplesmente não ocorrer. Por exemplo, tomar um antidepressivo como a fluoxetina só vai ajudar se a pessoa tiver bons níveis de outras substâncias, como os hormônios, para que todo esse conjunto possa atuar na neurogênese hipocampal. Caso contrário, não será possível aumentar a capacidade de fazer conexões entre neurônios, e, portanto, de ter uma visão abrangente da vida, e criar novas soluções. Por isso dizemos que cada um reage de uma maneira diferente.

Quanto à questão da dependência, o que ocorre é que o cérebro poderá incorporar o efeito da droga no seu funcionamento e para que o organismo possa se readaptar sem ela, é necessário que sua retirada seja feita gradualmente. Isso, todavia, não configura uma dependência, mas, sim, uma necessidade terapêutica.

A dependência verdadeira ocorre apenas com drogas que têm ação imediata no sistema nervoso, tais como o álcool, cocaína, anfetaminas, opiácios e alguns tipos de drogas usados como calmantes e hipnóticos, como é o caso dos benzodiazepínicos – hoje vistos com ressalvas, devido também à questão do abuso. Drogas de ação mais demorada – como os antidepressivos – não são suscetíveis de causar vício e abuso.

Acredito que o grande problema é que algumas pessoas consideram o uso de psicofármacos como uma fraqueza pessoal e acabam sofrendo bem mais que o necessário em suas vidas.

BEL

Dr. Sergio, quando a bioquímica deixou de ser vista apenas como tratamento de doenças nervosas e passou a ser preventiva na história da psiquiatria?

DR. SERGIO

O conhecimento da bioquímica dos distúrbios mentais é algo absolutamente novo. Na verdade, não houve tempo hábil para incorporá-la aos diagnósticos na psiquiatria.

A psiquiatria ainda é baseada nos diagnósticos sintomáticos, de modo que um conjunto de sintomas semelhantes forma uma doença, que, por sua vez, corresponde, ou não, a um tratamento específico. Um exemplo típico: sintomas de desânimo, ideias de ruína, insônia, alteração de apetite são iguais ao distúrbio depressivo, e o tratamento básico são os antidepressivos.

O problema é que existem vários tipos de antidepressivos, com ações bastante distintas, mas a "doença" depressão é uma só entidade para a psiquiatria.

Pessoalmente, acredito que será necessário uma grande reforma na psiquiatria, com base em sólidos conhecimentos neurobioquímicos, para adequarmos melhor os tratamentos, pois, hoje, vemos uma infinidade de casos refratários ou parcialmente responsivos aos tratamentos conhecidos.

BEL

Podemos notar também o surgimento de novos tratamentos psicoterapêuticos associados aos avanços neurocientíficos.

A neurociência tem ajudado muito a compreender a influência dos estados subjetivos sobre o cérebro. Ser consciente do que se quer, do que se pensa e sente tem uma ação positiva sobre a plasticidade cerebral. Dessa forma, o autoconhecimento pode ser considerado uma excelente ferramenta na formação de novos caminhos neuronais. Nesse sentido, há um aumento de autorresponsabilidade sobre nossa saúde emocional, física e intelectual. O paciente tornou-se um agente ativo em seu processo de cura. Mas ainda assim é incrível pensar como sabemos tão pouco sobre nós mesmos... O que se dirá, então, em relação ao meio ambiente!

DR. SERGIO

Hoje em dia sabe-se que o status bioquímico que nosso corpo e cérebro apresentam em determinado momento, depende basicamente do que está acontecendo e de como interpretamos os desafios do ambiente.

O autoconhecimento e a capacidade de percepção são de fundamental importância, para sabermos o momento certo de procurar alguma ajuda e evitar armadilhas da mente que podem nos levar a estados crônicos de desequilíbrio emocional.

BEL

O fato é que, à medida que compreendemos mais sobre nós mesmos, mais desequilíbrios físicos, mentais e emocionais podemos evitar. Mas, na maioria das vezes, só buscamos saber a respeito de algo quando estamos sofrendo as consequências de nosso desconhecimento sobre aquilo... No entanto, saber a causa e como cuidar do estresse crônico, por exemplo, é uma questão relevante para a grande maioria das pessoas.

Nosso propósito neste livro é aprofundar nossos conhecimentos sobre corpo e mente. Conhecer tanto as condições bioquímicas como as atitudes que favoreçam o autoconhecimento, o controle emocional e a autopercepção, tão importantes para o nosso bem-estar.

Uma conversa com Lama Gangchen Rinpoche sobre a natureza interdependente da mente e do corpo

Lama Gangchen Rinpoche é um mestre tântrico, detentor de uma linhagem ininterrupta de Lamas curadores do Budismo Tibetano. Sou sua discípula desde 1987. Nascido no Tibete em 1941, vive no Ocidente desde 1982 ensinando Autocura Tântrica Ngal So, a educação da paz interior para desenvolver a paz mundial e a educação não formal sobre os cuidados com os cinco elementos – espaço, ar, terra, fogo e água para curar o meio ambiente.

BEL

Rinpoche, Dr. Sergio e eu, gostaríamos de compreender melhor como a química de nosso corpo interage com nossa mente. É a mente que domina o corpo ou o corpo que domina a mente?

LAMA GANGCHEN RINPOCHE

Essa é uma questão que não pode ser respondida de modo direto e conclusivo. Nesses casos, temos que ir rondando o assunto, conversando sobre ele, de modo que, aos poucos, as respostas vão surgindo de forma natural. Uma vez que adquirimos um conhecimento não devemos armazená-lo. Precisamos continuar sempre pesquisando e colocando-o em prática.

A mente não pode existir sem a sustentação dos elementos internos sutis de nosso corpo. Não há nenhum pensamento ou emoção sem a presença dos elementos: espaço, ar, terra, fogo e água. Os elementos internos e externos precisam estar equilibrados para que a paz interna e externa prevaleça no mundo.

Quando há um desequilíbrio nos elementos, é gerado igualmente um desequilíbrio na mente. E vice-versa.

Os elementos internos sem a mente não são nada, são como um cadáver. Os elementos não têm mente. No entanto, devido à sua estreita ligação, pensa-se, erroneamente, que os elementos sejam a mente. Eles são a base da mente, mas não ela. Por isso, cuidar apenas dos elementos não é suficiente para equilibrar a mente.

Nossa principal questão estava respondida: não é suficiente equilibrar nossa química para cuidar da mente. É preciso também cuidar da mente para que a química do corpo encontre seu equilíbrio.

Cabe ressaltar que Lama Gangchen Rinpoche costuma dizer que uma das principais causas das doenças hoje em dia é a poluição ambiental. Ele nos disse: "Os elementos externos desequilibrados interagem com os elementos internos de nosso corpo causando doenças que ainda desconhecemos. Muitas vezes não sabemos como surgem estas doenças, mas elas vêm dessa interação. Como a mente e os elementos estão interligados, tanto a mente desequilibra os elementos como os elementos desequilibram a mente. Um influencia o outro".

Capítulo 1
A base de nosso ciclo biológico: o ritmo circadiano

Bel

Vamos começar falando sobre a base de nosso ciclo biológico, o ritmo circadiano?

Dr. Sergio

Nossos ritmos biológicos possuem normalmente uma constância e uma importância que os cientistas só muito recentemente valorizam. Nós sabemos que o corpo humano é como um conglomerado de relógios sincronizados entre si; temos hora para tudo...

O ritmo circadiano, ou ciclo circadiano, designa o período de aproximadamente um dia (24 horas), sobre o qual se baseia todo o ciclo biológico do organismo do homem e de qualquer outro ser vivo influenciado pela luz solar.

Nosso corpo possui mais de 100 ritmos circadianos, e a ciência que os estuda é chamada de Cronobiologia. Estamos de tal forma habituados a esse relógio interno que nem sequer nos lembramos de sua existência. Ele governa a todos nós com um ciclo correspondente ao tempo de uma rotação terrestre. Cada função do nosso organismo sofre a influência desse ciclo que ocorre em um período de 24 horas: temperatura, níveis hormonais, ritmo cardíaco, pressão arterial e até sensibilidade à dor.

O ritmo circadiano mantém nosso corpo alerta durante as horas de claridade (dia) e ajuda-o a relaxar à noite. Regula todos os ritmos físicos, bem como muitos de nossos ritmos psicológicos, com influência sobre a digestão ou o estado de vigília, por exemplo, passando pelo crescimento e pela renovação das células, assim como a subida ou descida da temperatura.

O relógio que realiza e monitoriza todos esses processos encontra-se numa área cerebral chamada núcleo supraquiasmático que está localizada no hipotálamo, na base do cérebro e acima da glândula pituitária.

Hoje em dia estudam-se os ritmos circadianos associados às marés, ao ciclo lunar e, também, à dinâmica climática da Terra, por meio das correntes eólicas e marítimas e, especialmente, em relação aos animais migratórios.

BEL

Há um padrão de ritmo circadiano comum a todos?

DR. SERGIO

Não existem duas pessoas com ritmos idênticos, mas há sim um padrão geral, comum a todos: a temperatura corporal, que, por exemplo, atinge o mínimo entre as quatro e seis horas da manhã. Às sete horas, já começa a subir e, no meio da manhã, está no auge, quando o corpo atinge o máximo de sua capacidade de energia.

BEL

Qual é o papel dos hormônios no ritmo circadiano?

DR. SERGIO

No ritmo circadiano temos de considerar a importância da produção de hormônios pelo córtex suprarrenal, que é comandado por outros hormônios, pelo hipotálamo e pela hipófise.

O ritmo de secreção do cortisol pela suprarrenal é controlado pela liberação do hormônio adrenocorticotrófico (ACTH), que é produzido pela parte anterior da hipófise e estimula o córtex suprarrenal a liberar vários hormônios corticosteroides. No ser humano, o cortisol é o mais importante deles e varia normalmente ao longo de um ciclo de 24 horas, registrando seu valor mínimo à meia-noite e o máximo por volta das seis horas, decaindo lentamente ao longo do dia (ritmo circadiano).

A liberação do hormônio adrenocorticotrófico é também necessária para a manutenção e o crescimento das células do córtex suprarrenal. A emoção, o estresse e as lesões corporais têm um forte efeito estimulante na liberação do hormônio adrenocorticotrófico e do cortisol: sem o cortisol, inclusive, o corpo seria incapaz de se recuperar convenientemente do estresse. É importante conhecer minimamente esses funcionamentos, para melhor compreender os ritmos circadianos naturais.

Algumas pessoas simplesmente têm o ritmo hormonal invertido, o que é possível constatar ao se fazer a medição do ritmo do cortisol, que, nesse caso, apresenta parâmetros inversos, como ocorre nos animais de hábitos noturnos.

BEL

O que ocorre com os indivíduos que trabalham à noite?

DR. SERGIO

Eles podem vir a inverter esse ciclo, tornando-se, naturalmente, indivíduos de hábitos noturnos.

BEL

Qual o perigo de ficar sem dormir?

DR. SERGIO

O sono é fundamental em todas as espécies animais. São raras as exceções de animais que não necessitam de alguma forma de descanso.

O problema, a meu ver, é a questão da privação parcial a que alguns indivíduos se submetem voluntária ou involuntariamente. Uma das primeiras consequências dela é o desequilíbrio do estado de humor e o aparecimento ou piora de quadros de ansiedade e/ou depressão. A privação de sono tem consequências sérias e chega a provocar alucinações nas pessoas que tentam esticar demasiadamente o período de vigília.

Capítulo 2
As consequências de não respeitarmos nosso relógio interno

BEL

Hoje em dia vivemos negando as necessidades de nosso ritmo circadiano. Eu me lembro que, quando era criança, minha mãe sempre dizia que o sono da meia-noite era o mais importante. Por isso tínhamos de ir dormir o mais tardar às dez da noite. Quais as consequências de não respeitarmos nosso relógio interno?

DR. SERGIO

Uma das principais glândulas controladoras do nosso relógio biológico é a glândula pineal – um órgão cronobiológico. Trata-se de uma glândula endócrina, localizada no centro do cérebro, que recebe as terminações nervosas oriundas do nervo óptico (que capta as informações do ambiente vindas da retina ocular).

A pineal é um importante mensageiro entre o ambiente e o organismo. Uma espécie de cronômetro que auxilia a adaptação do corpo aos ciclos da natureza e possivelmente por isso acabou recebendo tanta importância.

De certa forma é a glândula pineal que nos torna escravos do tempo, pois, como controla o hipotálamo, controla todo o nosso ciclo de desenvolvimento.

Do hipotálamo nascem os nervos do sistema nervoso autônomo: o simpático e o parassimpático. Ele também está intimamente relacionado com a hipófise – sofisticada glândula que orienta o funcionamento de outras importantes glândulas do organismo, como a tireoide, a suprarrenal e as gônadas, além de hormônios como o de crescimento, a oxitocina, a prolactina, o hormônio luteinizante, entre outros. Essas estruturas regulam comportamentos ligados a sobrevivência e a homeostase corporal, tais como apetite, sede, controle da temperatura e sexo.

Não se conhecem ainda todas as substâncias que são produzidas pela pineal, mas a melatonina é possivelmente a principal delas.

A melatonina é liberada a cada período de escuridão, propiciando o sono e comandando nosso ciclo hormonal dentro do chamado ritmo circadiano. Os outros hormônios, tais como os sexuais, o cortisol e o do crescimento obedecem ao ciclo da melatonina. Por isso, após uma boa noite de sono, acordamos com mais disposição para a luta, enquanto à noite, já nos sentimos diferentes, com mais dificuldade de realizar as tarefas que executamos facilmente durante o dia.

Bel

E como manter a pineal saudável?

Dr. Sergio

Sem dúvida, uma vida equilibrada, com níveis de estresse razoáveis, contribui para o bom funcionamento da pineal, pelo menos no que tange à liberação da melatonina. E, nesse sentido, o modo como vivemos, inclusive nossos hábitos alimentares, tem importância no processo.

É bom lembrar que a melatonina é produzida também no intestino. Qualquer pessoa pode perceber o quanto é prejudicial cometer exageros alimentares antes de dormir. Durante a digestão são produzidas grandes quantidades de serotonina, que é o marcador do dia e não, da noite. Pode ser por isso que digestão e sono não combinam.

Bel

Segundo a medicina tibetana, o estado mental no qual você se encontra ao cair no sono é que vai determinar a qualidade de seu sono. Por isso devemos procurar "limpar" a mente antes de dormir.

Dr. Sergio

Uma mente livre de preocupações contribui para um funcionamento adequado da pineal e, portanto, para uma melhor capacidade de recuperação da energia durante o período de sono. Certos indivíduos, por exemplo, sob estresse prolongado apresentam dificuldade para adormecer, bem como para despertar mais cedo, outros, ao contrário, passam a acordar no meio da madrugada.

Bel

O constante estado de preocupação, característico do estresse crônico, impede que a mente possa se recuperar durante o sono?

Dr. Sergio

Quando nos sentimos ameaçados, acionamos nossos mecanismos de defesa que nos mantêm em alerta. Ou seja, não podemos dormir porque temos de nos defender das ameaças, mesmo que elas existam apenas em nossa mente.

Essas mudanças no ciclo de sono e vigília ou no ritmo circadiano sempre vêm acompanhadas de sintomas depressivos, devido, possivelmente, ao descaixe entre os picos hormonais e os horários ideais para que eles ocorram. O cortisol, por exemplo, deve, idealmente, estar alto no início da manhã. Se ocorrer algum fato gerador de estresse durante o dia, esse pico pode se modificar causando sintomas passageiros de ansiedade ou depressão.

Já a serotonina – que é um neurotransmissor-chave para o equilíbrio emocional, uma vez que tem a capacidade de manter os níveis de estresse em patamares aceitáveis – é liberada com o estímulo da luz do sol ou de alguma fonte luminosa suficientemente poderosa. Com a escuridão, ela segue um caminho químico e transforma-se em melatonina. Sempre que esse ritmo perde a capacidade de funcionar harmonicamente temos sintomas na área afetiva.

Bel

Com o estilo de vida que estamos levando, acho que perdemos a chance de manter esse equilíbrio. Cada vez há mais luzes acesas durante a noite, as pessoas ficam no computador até tarde, dormem pouco, creio que muito menos do que seria necessário para produzir uma quantidade de melatonina suficiente para equilibrar a serotonina liberada durante o dia, estou certa?

Dr. Sergio

Certíssima, Bel. Os jovens, por exemplo, estabeleceram um ritmo de vida no qual os programas começam a partir da meia-noite e se estendem até o amanhecer. Eles acreditam que basta dormir no dia seguinte até tarde para recuperar o organismo. Isso não funciona assim!

O único meio de obter um sono de fato reparador é ir dormir no máximo à uma hora da madrugada, uma vez que o efeito hipnótico da melatonina ocorre seis horas após seu pico, que acontece no início da noite.

A questão importante a ser entendida é que alguns hábitos aparentemente inocentes podem ser interpretados pelo organismo como um aumento de estresse. É o caso, por exemplo, da prática frequente de dormir muito tarde e acordar cedo.

BEL

Atualmente, isso se tornou um hábito para muita gente. É o que sempre digo para a minha filha!

DR. SERGIO

Tenho o mesmo problema com meu filho. Minha discussão com ele é a seguinte: quando você sai à noite e só vai dormir lá pelas seis horas da manhã, não fecha o ciclo noite-dia, quer dizer, não libera melatonina! Então, veja bem, para atender à necessidade social de estar em grupo, a pessoa leva o organismo ao desequilíbrio.

Hoje percebo nitidamente o aumento de indivíduos com desequilíbrio emocional. São *vários* os fatores que levam a isso, mas o modo errado de administrar o nosso tempo, é sem dúvida um deles e talvez seja o mais fácil de ser corrigido. Estamos caminhando muito rápido para um novo modelo social, o problema é que, aquilo que é visto como sendo normal, ou até mesmo desejável para as pessoas é exatamente o que as está levando a um estresse crônico, permanente.

BEL

A questão é pensar que se está sendo feliz mesmo com o desgaste físico. Lama Gangchen Rinpoche nos ensinou a refletir sobre a seguinte pergunta: "O que parece nosso amigo, mas na realidade é nosso inimigo?". Ele dá o exemplo do cigarro.

Lembra-nos de que, quando vamos para casa, temos muito cuidado em ligar os alarmes contra os ladrões, mas não consideramos que o maço de cigarros que levamos em nosso bolso é o nosso maior sequestrador. No entanto, o curioso é que, quando começamos a entender o que nos leva ao desequilíbrio, isso não nos interessa, parece maçante, sem graça...

DR. SERGIO

Com certeza. Esse é o ponto-chave de toda a nossa conversa. Mas não temos outra opção senão aceitarmos nosso relógio interno. Veja bem, a questão da melatonina é importante, pois ela rege todo o nosso ciclo de vida, do crescimento ao envelhecimento. Ela programa quando ele vai ocorrer.

Começamos nossa vida com o comando da melatonina, de modo que dormimos mais quando bebês. Com o passar dos anos, a melatonina diminui gradativamente e ocorre a liberação dos hormônios sexuais no período que corresponde à adolescência. Daí em diante, seu pico de liberação vai ficando cada vez menor, o que explicaria a diminuição do período de sono quando envelhecemos.

A melatonina também sinaliza para o organismo em qual estação do ano nos encontramos. Essa função, hoje em dia, pode parecer inútil, mas devemos considerar a importância de sincronizar a reprodução com as estações mais fartas em alimentos no período da pré-história. Não sabemos exatamente como isso acontece, mas recentemente foram identificados, nos neurônios, receptores capazes de captar a melatonina e de, algum modo, interpretar essas informações para o restante do organismo.

Existe um trabalho muito interessante, de um pesquisador italiano, W. Pierpaoli,[1] que trocou a pineal de ratos velhos pela de novos, e o que se observou foi o rejuvenescimento desses animais, demonstrando de forma cabal a importância dessa glândula na contagem de nosso tempo de vida.

Além disso, a melatonina prepara nosso corpo e nossa mente para o sono. A princípio, parece uma tarefa fácil, mas, na verdade, o sono depende de inúmeras condições. A ação analgésica, anti-inflamatória e antioxidante da melatonina, por exemplo, é fundamental. Afinal, não podemos dormir com dor!

Em geral conhecemos bem a ação da melatonina no sono. Ao contrário do que muita gente pensa, ela não induz ao sono por si só. Na realidade, ela propicia que o organismo entre no período de sono e, possivelmente, ajuda-nos a ter uma boa arquitetura de sono, permitindo-nos sonhar mais. É comum que pessoas que tomam melatonina falem sobre um aumento do número e da intensidade dos sonhos.

---

[1] Saiba mais: www.antiaging-systems.com/ARTICLE-550/melatonin-the-miracle-module.htm.

Capítulo 3
O poder organizador dos sonhos

Dr. Sergio

Sonhar é uma forma de nos adaptarmos ao mundo.

Bel

É verdade. Sonhar amplia nossa percepção de mundo. Quando sonhamos ativamos um potencial mais sutil de nossa mente, que nos possibilita ver e pensar além de nossas limitações físicas e de nossos padrões de pensamentos baseados na lógica e na razão cotidiana. Ao sonhar, expressamo-nos sem o controle dos julgamentos, da dualidade certo-errado que nos divide internamente, pois separa o querer do dever.

Nos sonhos somos livres para sermos verdadeiros. Sonhar é como entrar nos bastidores de nossa mente: acessamos o lado que não apresentamos em público, mas que nos prepara para a performance diária.

Por meio da espontaneidade de nossos sonhos, aproximamo-nos dos anseios mais profundos de nossa psique, o que nos permite atender aos seus chamados... Fazer isso exige um constante treino de discernimento entre o poder criativo de nosso imaginário e a força da realidade imediata. Quer dizer, entre nossas aspirações e as condições reais de executá-las.

A realidade sem nossos anseios é seca e monótona. Quando respondemos às demandas de nossos sonhos, seja simplesmente observando-os ou seguindo seus sinais premonitórios, como um norte para nossas decisões cotidianas, sentimo-nos completos, pois conectamos nosso mundo interno com o externo.

Afinal, a realidade externa é uma expressão de nosso mundo interno. Todo objeto material um dia foi uma ideia ou um sonho.

Isso me faz lembrar um ponto importante. Normalmente temos a ideia de que a matéria possui mais força que a energia. Por exemplo: acredita-se, em geral, mais nos efeitos da medicina alopática do que nos da homeopatia.

Mas é interessante considerar que para o Budismo Tibetano, o nível sutil, que corresponderia à energia, antecede ao nível grosseiro, a matéria. Quer dizer, a consciência precede o mundo material. Essa ideia também tem sido difundida pela física quântica. Amit Goswami, Ph.D.[2] e professor titular de física quântica no Instituto de Física Teórica da Universidade de Oregon, explica em seu livro *O universo autoconsciente*: como a consciência cria o mundo material (Editora Aleph) – o princípio de que a mente é quem tudo produz.

DR. SERGIO

Esse assunto é superinteressante. Penso que a glândula pineal e a melatonina podem de algum modo estar envolvidas com o nosso nível mais sutil – uma vez que se relacionam com o sono e com os sonhos, que são sua manifestação mais perceptível. Nesse sentido, poderíamos considerar que elas fazem a relação entre o físico e o sutil. Essa relação nos fornece informações, por meio dos sinais mais tênues ao nosso redor, que permitem encontrar soluções para os nossos problemas.

BEL

O que acontece durante o sono?

DR. SERGIO

Quando vamos dormir, as informações cognitivas e os episódios ocorridos durante o dia são processados durante o sono não REM (em inglês, NREM – *non rapid eye movement*, ou movimento ocular não rápido). Ele ocupa aproximadamente 75% do tempo do sono. Quer dizer, os arquivos com as informações armazenadas no hipocampo durante o dia, são enviados para o córtex que, por sua vez, vai guardá-las, daí em diante, por longo prazo.

De modo bem simplificado podemos dizer que a memória recente está concentrada numa estrutura cerebral chamada de hipocampo, e a memória mais antiga está incorporada em áreas corticais superiores cerebrais.

Quando entramos no estado de sono REM (em inglês, *rapid eye movement*, ou movimento ocular rápido) esse fluxo de informações se reverte. Agora, os sinais vão sair do córtex em direção ao hipocampo, avaliando as experiências armazenadas como boas ou não, isto é, acalmando-nos ou nos alertando a respeito de nossas vivências. O cérebro extrai e abstrai o sentido de nossas experiências.

BEL

Então os sonhos revelam como o córtex está interpretando os dados armazenados?

---

[2] Saiba mais: www.amitgoswami.com.br/livros.html.

DR. SERGIO

Parece que sim, mas ninguém sabe exatamente o que ocorre. O significado dos sonhos já foi muito discutido e teorizado, porém, na realidade, pouco se sabe sobre eles. O que é sabido é que o córtex devolve ao hipocampo uma significação das experiências armazenadas para ser usada quando necessário.

BEL

Nesse sentido, poderíamos dizer que os pesadelos seriam tentativas fracassadas do cérebro de resolver e consolidar as memórias de experiências não resolvidas? Ou seja, um pesadelo recorrente sinaliza um ciclo de estresse que ainda não concluímos?

DR. SERGIO

Provavelmente sim. Os pesadelos são sonhos que exercitam nossa capacidade de enfrentar alguma situação de perigo grave. Eles servem para nos "treinar" para essas possibilidades.

BEL

Como já conversamos, dormir bem parece imprescindível para a recuperação do estresse. É sabido que o sono melhora a capacidade do cérebro recordar informações. Pesquisas científicas comprovaram que a memória de palavras aprendidas recentemente melhora se houver um período de sono entre o aprendizado e o teste de conhecimento.[3]

DR. SERGIO

Sem dúvida, a única forma de solidificar o aprendizado e conseguir a solução para os problemas que nos afligem no dia a dia, bem como levar os níveis de estresse a um patamar aceitável para o organismo, é por meio do sono. A melatonina que liberamos durante a noite tem várias funções, inclusive a de baixar os níveis de cortisol.

BEL

O que ocorre com o sono de uma pessoa que sofre de estresse crônico e/ou transtorno do estresse pós-traumático?

DR. SERGIO

Como essa pessoa fica em estado de ativação permanente, ela não será capaz de ter sono REM, e, consequentemente, não conseguirá elaborar o

---

[3] Saiba mais: http://pesquisa.bvsalud.org/regional/resources/mdl-20479232.

significado do estresse, perpetuando desse modo o ciclo. Quer dizer, ela não aprende o que deveria aprender para concluir o ciclo do estresse.

BEL

O mesmo ocorre quando o sistema nervoso simpático está superativado?

DR. SERGIO

Sim, pois para entrar no sono REM, os neurotransmissores precisam chegar a zero. No entanto, a pessoa que sofre de estresse tem seu cérebro inundado de noradrenalina, o neurotransmissor responsável pela excitação que ocorre diante de eventos ameaçadores. Sua presença impede o córtex de informar ao hipocampo que está "tudo resolvido".

Não havendo o sono REM, não há o enfraquecimento da memória episódica inicial. Por isso, o indivíduo sente o trauma como algo que apenas acabou de ocorrer. A perpetuação do estado de excitabilidade – "o mundo não é um lugar seguro" – inibe o córtex semântico de avaliar a experiência e fechar o ciclo, impedindo que novas informações que poderiam garantir o bem-estar sejam integradas.

BEL

Essa relação entre sono, sonho, memória e equilíbrio emocional é nova para a neurociência? Até meados dos anos 1950, os cientistas pensavam que o cérebro se desligava enquanto dormíamos...

DR. SERGIO

Realmente foi só em 1953 que os fisiologistas Aserinsky e Kleitman descobriram os ciclos de ondas de atividade cerebral REM e NREM do sono humano.

Durante o sono REM, as ondas cerebrais são semelhantes àquelas produzidas enquanto estamos acordados. Recentemente, descobriu-se que até os bebês no útero têm sono REM e sonham, não se sabe com o quê.

É sabido desde os anos 1970 que o sono REM age na reorganização e restauração das funções cerebrais que envolvem solução de problemas, consolidação da memória e criatividade. Esses processos fundamentam-se na formação de redes neuronais que fornecem a base física para qualquer realidade perceptual.

Em 1996, Jimenez-Anguiano fez uma pesquisa[4] na qual comprovou um aumento de peptídios vasointestinais (biomoléculas formadas pela ligação de

---

[4] Saiba mais: http://pesquisa.bvsalud.org/regional/resources/mdl-8864295.

dois ou mais aminoácidos) liberados pelo córtex frontal do cérebro, durante o sono REM. Ou seja, durante o sono REM, temos sonhos alimentados pela área cerebral responsável pela tomada de decisões, planejamento e intenções.

Bel

Portanto, você quer dizer que, quando sonhamos, estamos elaborando nosso modo de pensar e encarar a realidade. Ou seja, estamos criando e firmando caminhos neuronais pelos quais iremos direcionar nossa vida. Em geral, pensamos nos sonhos como um evento irracional. É incrível pensar que é no seu decorrer que fixamos os padrões mentais que formam a base de nossa racionalidade.

No Budismo há uma série de práticas voltadas à ioga dos sonhos por meio da qual treinamos nos manter lúcidos enquanto sonhamos.

Dr. Sergio

Os sonhos lúcidos geralmente acontecem durante o sono REM. Devemos entender que o sono não é um estado uniforme. Na verdade, ele é caracterizado por uma série de estágios que se distinguem por certas condições fisiológicas.

No ser humano, o ciclo do sono é formado por cinco estágios (1, 2, 3, 4 e REM). Os estágios de 1 a 4 são muitas vezes agregados sob o rótulo de sono NREM. E entre eles, o 3 e o 4 são também chamados de sono "delta", devido à grande quantidade de ondas cerebrais de baixa frequência que são produzidas.

O ciclo dos estágios do sono se repete durante toda a noite e dura cerca de 90 minutos (podendo chegar a 120 minutos). Portanto, ele se repete quatro ou cinco vezes durante o período de sono.

Uma hora e meia após o indivíduo ter adormecido ele apresentará um primeiro e curto período de sono REM. Isso se repetirá a cada 90 minutos e a cada vez o período de sono REM será mais longo. Pela manhã, rareiam os estágios 3 e 4 de sono profundo, e os períodos de sono REM se ampliam, podendo durar até uma hora. Por isso lembramos mais facilmente os sonhos da manhã.

Bel

E qual a diferença dos sonhos no estágio REM e NREM?

Dr. Sergio

O sonho do período REM é o que conhecemos como sonho. Nos períodos NREM, os sonhos são como fragmentos de ideias.

BEL

Dr. Sergio, em geral, as pessoas que têm insônia usam uma medicação indutora de sono. Sabe-se que isso pode se tornar um problema por causar dependência. Quais são os riscos em tomar esse tipo de medicação?

DR. SERGIO

O problema das drogas benzodiazepínicas (usadas como indutoras do sono) é que elas suprimem o estágio 4 do sono NREM.

O sono NREM caracteriza-se pela secreção do hormônio do crescimento em grandes quantidades, promovendo a síntese proteica, o crescimento e reparação dos tecidos. O sono NREM tem, portanto, um papel no estímulo do crescimento dos tecidos, pois se caracteriza essencialmente como um período de recuperação e conservação de energia física. Interessantemente observamos que uma noite mal dormida nos faz envelhecidos no dia seguinte. É só olhar no espelho na manhã seguinte para saber do que estou falando...

BEL

Pois é... E como você trata da insônia?

DR. SERGIO

A insônia é sempre um sintoma de que algo não está bem física ou psiquicamente. Sem termos alguma ideia de qual é o problema original, nunca conseguiremos ter um tratamento eficaz.

BEL

Sem dormir bem é difícil tratar do estresse...

DR. SERGIO

Veja bem, várias químicas devem ser liberadas para que nossa capacidade de luta seja a melhor possível, como as catecolaminas, que agem na nossa capacidade de manter a atenção, na nossa desconfiança quanto a eventuais riscos do ambiente, no sistema cardiovascular, no imunitário etc. À noite, esse conjunto de ativadores deve ser desativado, para que possamos atingir o estado de relaxamento ideal para recompor o organismo.

Como todos sabem, o sono é o único meio de conseguirmos esse estado de total desligamento da consciência. Portanto, o estresse e o ciclo sono-vigília obedecem à mesma lógica: num primeiro momento o organismo e o cérebro vão precisar ser ativados e, uma vez passado o perigo, o sistema precisa voltar ao estado normal.

Capítulo 4
Saber relaxar sem se desconectar

Dr. Sergio

Se, por um lado, o estado de alerta nos permite evitar as situações ameaçadoras, preservando-nos do perigo, por outro, pode acabar se tornando um risco para a saúde, se não soubermos relaxar.

Bel

Esse é o ponto-chave, saber relaxar sem se desconectar, isto é, sem se dispersar. Lama Michel Rinpoche explicou-me essa questão de modo muito interessante: um estado de atenção saudável é aquele que nos mantém conscientes de onde estamos e para onde vamos. Segundo ele, no Budismo Tibetano, há dois aspectos mentais: *sher chin*, "consciência" (em inglês *awareness*) – um estado mental desperto que quer dizer "estar ciente do que estou fazendo" – e *drenpa*, "memória" – que significa "lembrar para onde estou indo", "qual é o meu objetivo".

A meditação é um modo de treinar esse estado de atenção. Ao meditar, precisamos constantemente focar o objetivo da meditação e, simultaneamente, estar conscientes do que estamos pensando a cada momento. Ou seja, precisamos ter em mente *para* onde e *por* onde estamos indo, enquanto caminhamos.

Isso pode ser comparado a um guarda que apenas observa o caminho que estamos tomando e, se estivermos saindo da rota, nos avisa para voltar a via principal. Lama Michel Rinpoche ressaltou que o aspecto *sher chin* (consciência) nada mais é do que um estado de atenção que registra o que acontece, sem tentar controlar os acontecimentos. Pois, se nos concentrarmos na atitude de controle, esquecemo-nos do propósito original. Esse não é um estado de relaxamento nem de tensão, mas apenas atento, ou seja, um estado mental capaz de nos alertar de que estamos nos desviando da meta.

A consciência não deve se tornar a mente principal; ela deve ser usada para corrigir nossos passos, nossas atitudes, para que sejam coerentes com nossos propósitos. Essa distinção me ajudou bastante a entender o quanto é importante nos mantermos conectados com nossas metas, para estarmos de acordo com elas. Isso serve tanto para metas genéricas quanto específicas. O problema é que não aprendemos a observar a nossa própria mente e, quando o fazemos, a tendência é nos tornar alertas demais!

Capítulo 5
A grande armadilha da natureza do homem é que somos feitos para achar problemas

Dr. Sergio

Embora o estado de alerta seja uma necessidade básica, quando se torna excessivo sem dúvida, desencadeia inúmeros mecanismos de estresse. A grande armadilha da natureza do homem é que somos feitos para achar problemas...

Bel

O que você quer dizer com "achar problemas"?

Dr. Sergio

Enxergar os riscos. É a nossa herança pré-histórica: precisamos ser capazes de perceber as ameaças do ambiente. Aqueles que estão mais aptos a resolver problemas elementares – não ser comido por uma fera, por exemplo – têm mais chance de sobreviver.

Bel

É por isso que o ser humano tem a tendência de perceber mais o negativo que o positivo?

Dr. Sergio

Exatamente. Só que as coisas mudaram. Com a evolução, o homem passou a ter mais condições de se defender e sobreviver. Criamos mecanismos que nos resguardam de muitos perigos. De modo que, hoje, não há necessida de urgente ou constante de detectar intimidações. No entanto, muitas vezes, nossa mente cai na armadilha de continuamente buscar dicas de ameaça no ambiente, transformando o medo numa experiência constante.

Isso é muito comum em pessoas mais velhas, porque quanto mais frágil é o corpo, maior a tendência de querer impedir os perigos, procurando detectar todas as circunstâncias possíveis de risco. Já os jovens tendem a se sentir imunes às tribulações, por isso, ao contrário, costumam se colocar frequentemente em situações perigosas. Basta ver quanto custa um seguro de carro para motoristas na faixa dos 18 aos 25 anos!

O problema é que, tanto em um caso como no outro, o corpo reage à ameaça (seja ela real ou suposta), acionando os hormônios de estresse, o que gera uma cadeia de eventos cuja consequência acaba por se refletir na saúde geral do indivíduo.

Bel

E o que fazer para não cair constantemente nessa armadilha?

Dr. Sergio

Devemos procurar desenvolver um estado de atenção saudável no qual desarmamos os mecanismos de defesa, evitando a contaminação das informações que nos deixam em constante vigília.

Normalmente nos deixamos contaminar por essas informações principalmente quando apresentam caráter coletivo. Isso é o que ocorre, por exemplo, no fenômeno bastante conhecido como pânico coletivo. No entanto, mesmo em situações menos extremas, se alguém nos conta que foi assaltado no estacionamento do shopping, todas as vezes que formos a esse local, vamos ficar com medo.

Quimicamente, o mecanismo de reação ao estresse é muito sensível. Só o fato de nos vermos sem perspectiva de futuro já faz nosso nível de cortisol subir. O que acaba desencadeando outros fenômenos adaptativos, entre eles, a diminuição da melatonina. Então, se você passou por um estresse durante o dia, é provável que não vá dormir bem e, consequentemente, não terá sonhos que poderiam harmonizar suas memórias.

Bel

Daí a importância de ter momentos de calma antes de dormir.

Dr. Sergio

A calma é, sem dúvida, um estado regenerador do equilíbrio básico. No estado meditativo ou contemplativo, nenhum desses mecanismos que aumentam o cortisol são acionados.

Bel

Existem métodos no Budismo que ajudam a desenvolver mais calma e consciência: o simples fato de a pessoa se concentrar, diariamente, durante 15 minutos, em sua respiração vai acalmar sua mente.

Dr. Sergio

Hoje em dia a psicologia e a psiquiatria consideram a meditação um método absolutamente válido, quase um remédio.

Bel

Qual é, então, o remédio mais eficaz? Aquele que resulta do próprio esforço, como a prática de meditação, ou aquele que é simplesmente ingerido pelo organismo?

Dr. Sergio

Essa pergunta é difícil. Depende das condições do indivíduo. Por exemplo: se o sistema bioquímico de uma pessoa é saudável, mas está momentaneamente desequilibrado, com o cortisol alto, por ter passado por uma série de situações desfavoráveis, a meditação poderá ajudá-la a se reequilibrar; entretanto, se apresentar uma suscetibilidade genética ou já estiver sofrendo de um desequilíbrio bioquímico, vai precisar de medicação, com certeza.

Bel

Então, pelo que entendi, a grande armadilha é tornar o estado de alerta, necessário para detectar as ameaças, uma experiência constante. E isso é o que nos impede de viver num estado de bem-estar incondicional que Chögyam Trungpa Rinpoche denominou de confiança radical.

Capítulo 6
O estado de confiança radical

BEL

Gosto sempre de me lembrar de Chögyam Trungpa. Ele dizia que "confiança não quer dizer confiar em algo, mas permanecer no estado da confiança, sem precisar competir ou mostrar-se superior. É um estado incondicional, no qual nós apenas possuímos um inabalável estado mental que dispensa qualquer ponto de referência".[5] Mas, em geral, como damos grande importância ao mundo exterior, vivemos sob o constante alerta de que algo indefinido, porém, ameaçador, vai acontecer. Sanar esse mal-estar, próprio de quem está sendo atacado, torna-se então nossa máxima prioridade.

Outro dia Lama Gangchen Rinpoche disse-nos diretamente: "O mundo externo não é mais confiável". Por isso, ele nos aconselhou a dedicar 50% de nosso tempo para o desenvolvimento de nosso potencial interior. Aliás, Rinpoche nos ensina que o segredo está em não considerar o desenvolvimento interior como distinto do exterior. Afinal, mesmo que envolvam práticas diferentes, um influencia o outro.

Ao ouvi-lo nesse dia, refleti como as demandas externas facilmente prevalecem sobre as internas. Priorizamos o mundo exterior em detrimento do interior. Atropelamos nossas necessidades internas, pois, sem tempo de nos interiorizarmos, deixamos de ver com clareza como e porque agimos em uma determinada situação. Dessa forma, nossas ações serão sempre reações e não, escolhas. E se forem baseadas no medo correm ainda mais risco de serem errôneas!

DR. SERGIO

Por que é tão difícil priorizar o mundo interior? Por que tendencialmente precisamos fazer um esforço extra para entrar em contato com ele?

---

[5] TRUNGPA, Chögyam. *Shambala* – A trilha sagrada do guerreiro. São Paulo: Cultrix, 1992. p. 89.

BEL

Em primeiro lugar, não aprendemos a fazer esse contato, não sabemos como parar para nos observar. E a sociedade nos convoca a um constante movimento em direção a algo exterior a nós. A introversão é vista por nossa sociedade como um sinal de isolamento e reclusão. Dedicar-se ao autoconhecimento é tão difícil quanto nadar contra a corrente! Mas voltando à questão da confiança, segundo o Budismo Tibetano, há três tipos de confiança: lúcida, esperançosa e desejosa.

A *confiança lúcida* é conquistada por meio da lógica e da compreensão de uma experiência profundamente investigada. A *confiança esperançosa* surge da reflexão sobre a conexão existente entre a ação que se pratica e seu resultado. Ou seja, mesmo diante de situações adversas, poderemos confiar em resultados positivos, se a causa tiver sido positiva.

Cabe ressaltar que devemos entender por resultados positivos o modo como iremos vivenciar o resultado da experiência e não necessariamente um resultado "favorável". A diferença está em como vivemos as adversidades. Quando se tem confiança interna, todas as dificuldades fazem parte do caminho. Paramos de interpretar as situações como certas ou erradas, boas ou ruins.

Já a *confiança desejosa* surge da compreensão de que podemos superar um problema se nos dedicarmos a ele. Ou seja, se quisermos desenvolver a confiança radical, temos de trabalhar profundamente com a nossa autoimagem.

Como dizia Lama Yeshe: "Não importa se nos consideramos religiosos ou não religiosos, filósofos ou ateus; enquanto ficarmos alheios à nossa realidade básica, estaremos condicionados por essas ideias enganosas e de autocomiseração. Se quisermos nos libertar de todas as doenças físicas e mentais, é extremamente importante que nos desfaçamos de qualquer comiseração por nós mesmos".[6]

DR. SERGIO

Mas como aprender a ter confiança, quando o mundo externo não é confiável?

BEL

Primeiro precisamos cultivar um estado de autoaceitação, ou seja, parar de reagir contra nós mesmos. Essa é a primeira coisa a fazer para mobilizar nossas forças internas. É como se nos disséssemos: "Não é porque o mundo me trata mal que vou fazer o mesmo comigo". Assim, estaremos desenvolvendo a

---

[6] Lama Yeshe. *La via del tantra*. Pomaia (Itália): Chiara Luce Edizioni, 1989. p. 139.

autoimagem de quem não confia em algo, mas, sim, no próprio estado de confiança ao qual Chögyam Trungpa se refere.

Aliás, Lama Michel Rinpoche toca num ponto muito importante sobre a questão da autoimagem em seu livro *Coragem para seguir em frente*. Quando lhe perguntam como encontrar forças para enfrentar situações difíceis, ele responde:

> Já faz um tempo que comecei a observar onde as pessoas colocavam seus esforços. Notei que se um indivíduo queria mesmo emagrecer, ele encontrava força para fazer seu regime. Se queria ganhar dinheiro, gerava esforço e conseguia o que queria. Então pensei: "As pessoas só colocam esforço em algo que elas têm, em sua autoimagem, a confiança de que são capazes de atingir a sua meta".
>
> Acho que é por isso que no Ocidente as pessoas têm mais dificuldade de seguir um caminho espiritual, porque elas próprias não têm uma autoimagem baseada na espiritualidade. Por exemplo, se a pessoa consegue se imaginar rica, ela tolera todas as dificuldades que tiver de passar para ganhar dinheiro, mas se ela não consegue se imaginar espiritualizada, como vai se esforçar para uma coisa que nem sabe o que é? Por isso, acho que primeiro precisamos pensar na imagem que nós queremos ter de nós mesmos.[7]

Se não temos uma opinião formada de que imagem é essa, precisamos buscar exemplos para nos inspirar. Ao testemunhar as boas qualidades de indivíduos, situações e coisas, passamos a admirá-los e, por meio desta apreciação, desenvolvemos um estado interno semelhante ao observado.

Por isso é tão importante escolhermos bem quem admiramos. Nesse sentido, admirar não é idealizar, mas, sim, inspirar-se para fazer o mesmo. Ou seja, é algo real, vivenciado de acordo com as nossas capacidades de cada momento.

No entanto, se, quando crianças, não tivermos desenvolvido autênticos relacionamentos de confiança, teremos agora de aprender a confiar em alguém para criarmos vínculos afetivos saudáveis.

Se nossa capacidade de confiar ficou abalada, será preciso construí-la, talvez, pela primeira vez em nossa vida!

---

[7] Lama Michel Rinpoche. *Coragem para seguir em frente*. São Paulo: Gaia, 2006. p. 71.

Capítulo 7
Estresse: sentimento de insegurança e ameaça

BEL

Como vimos, é a ausência de um estado de confiança básico que nos faz acionar o cortisol com muita frequência, desencadeando o estresse. Ou seja, o que faz aumentar o estresse não é estar muito ocupado, ter muitas atividades diárias, ou mesmo muitos problemas, mas sim, se sentir ameaçado. Sejam as situações de ameaça reais ou imaginárias...

A dúvida sobre nossa própria capacidade de enfrentar os desafios também decorrem do fato de termos pouco contato interno, seja com nossas emoções ou com nossas sensações físicas. Quando se vive na superficialidade, quer dizer, de modo automatizado, perde-se mais facilmente a capacidade de autopercepção tão necessária para o autocontrole emocional.

Chögyam Trungpa Rinpoche ressalta a importância de o corpo estar sincronizado com a mente para haver um estado real de confiança interna capaz de nos manter no eixo enquanto enfrentamos situações ameaçadoras. Ele diz:

> Não ter dúvida significa ter vivido a experiência de relacionar-se consigo mesmo, a experiência de sincronização entre a mente e o corpo. Quando a mente e o corpo estão sincronizados, não se tem dúvida. A sincronização entre a mente e o corpo não é um conceito ou uma técnica aleatória de autoaperfeiçoamento inventada por alguém. Ao contrário, é um princípio básico para sermos seres humanos e sabermos usar as percepções sensoriais, a mente e o corpo simultaneamente.[8]

DR. SERGIO

De fato, esta falta de sincronicidade entre o corpo e a mente gera estresse mesmo que não percebamos, pois o cérebro tem uma estrutura capaz de perceber os menores sinais de ameaça ou incoerências do ambiente. Essa percepção se dá tanto consciente como inconscientemente. Por menores que sejam

---

[8] TRUNGPA, Chögyam, *op. cit.*, p. 54, 55.

esses sinais, eles têm uma grande influência no equilíbrio físico, mental e emocional, na medida em que ameaçam nossa capacidade de previsão de futuro, levando a um aumento dos níveis de cortisol.

BEL

Podemos, então, dizer que o acúmulo de pequenos estresses pode ter grandes consequências?

DR. SERGIO

Sem dúvida. É importante entender que o estresse se dá progressivamente. Num primeiro momento, ocorre a liberação de catecolaminas (adrenalina, noradrenalina, dopamina). O objetivo dessa inundação hormonal feita pela glândula suprarrenal é preparar o organismo para se movimentar rapidamente.

Quando a pressão é continuada, o que é comum atualmente, o cortisol é liberado. Perda da capacidade física, excesso de expectativas frustradas, solidão e pobreza aumentam o estresse e consequentemente os níveis de cortisol.

Mas retomando ao que acontece quando o cortisol é acionado. Basicamente, teremos dois tipos de ação: as ações periféricas, entre elas o aumento do açúcar disponível para gasto imediato do cérebro e dos músculos, e as ações centrais, que ocorrem dentro do próprio cérebro. Essas últimas acontecem principalmente em uma estrutura cerebral conhecida como hipocampo.

Capítulo 8
O hipocampo e a capacidade de regeneração

BEL

Você poderia descrever o hipocampo e suas funções?

DR. SERGIO

O hipocampo tem a forma de um cavalo-marinho, de onde deriva seu nome, em grego. Na verdade, é composto de dois "cavalos-marinhos" situados na altura do lobo parietal, um em cada hemisfério cerebral. Ele é uma estrutura extremamente dinâmica, que sofre alterações continuamente. Nele existem células-tronco capazes de formar novos neurônios que, gradualmente, podem migrar e se incorporar a áreas superiores do encéfalo.

Diariamente precisamos criar novos caminhos neuronais para compensar os que são perdidos por estarem em desuso ou pelo desgaste natural do cérebro com o avançar da idade. Esses caminhos são criados pelo nascimento de novos neurônios no hipocampo e pelas novas conexões que se formam entre eles.

Anteriormente acreditava-se que a neurogênese – processo de formação de novos neurônios – ocorria apenas durante o desenvolvimento do cérebro. No entanto, estudos feitos recentemente concluíram que ela ocorre continuamente durante toda a vida, ou seja, aquele velho conceito de que o cérebro é um órgão estático não existe mais!

BEL

Podemos dizer que esses novos neurônios formados no hipocampo criam, por sua vez, novos caminhos de acesso a áreas que estavam isoladas, o que permite que encontremos soluções para situações que antes pareciam sem saída?

DR. SERGIO

Sim. O hipocampo ajuda o cérebro a comparar os dados e achar as soluções. Ele é a área do cérebro responsável pela captação, pelo envio e auxílio na formação de memórias. Esses dados arquivados serão usados para comparar as condições de uma ameaça atual com experiências passadas similares. É desse modo que a pessoa escolhe qual a melhor atitude a ser tomada para garantir sua preservação.

O hipocampo é como uma caixa de armazenagem das nossas experiências. Se você está diante de um indivíduo contraditório, agressivo, difícil de lidar, então seu hipocampo vai acionar antigas experiências similares, a fim de verificar como lidar com essa ameaça.

Ou seja, o hipocampo é um órgão importantíssimo no processo de aprendizagem uma vez que é responsável pela incorporação de memórias imediatas que serão usadas posteriormente na resolução de problemas.

Quem nunca percebeu dificuldade de memória após períodos conturbados da vida? Isso se dá em função de um enfraquecimento do hipocampo. Experimentos em animais demonstram atrofia do hipocampo após um período de estresse crônico ou de forte intensidade, como no estresse pós-traumático.

Quanto mais saudável for seu hipocampo, melhor será sua inteligência emocional. Quanto maior for a sensação de controle sobre a situação, menos você vai acionar o alarme emocional.

BEL

Ou seja, se o hipocampo está forte, saudável, você pensa com clareza, sente-se amparado, seguro. Mas se ele não funciona bem, facilmente são desencadeados sintomas psiquiátricos, como a ansiedade, o pânico etc.

DR. SERGIO

Exatamente. Ele deve estar em condições de cumprir sua importante função. Mas, em situações como estresse e envelhecimento – principalmente na doença de Alzheimer –, o hipocampo para de funcionar e pode inclusive sofrer lesão.

BEL

O que naturalmente vai prejudicar o processo de neurogênese, quer dizer, o processo de regeneração, que é de extrema importância para nosso equilíbrio emocional e cognição.

DR. SERGIO

Sim, sem dúvida. O mais interessante é que esse processo depende basicamente de diversos fatores químicos, principalmente dos hormônios e dos neurotransmissores. É como se o hipocampo fosse o funil de tudo o que acontece no organismo. Status nutricional, de estresse, de humor, de consciência, enfim, tudo influencia a capacidade do hipocampo de se manter em funcionamento.

Bel

Já escutei você falar diversas vezes que os remédios de tarja preta, os benzodiazepínicos, comprometem o hipocampo. Como isso acontece?

Dr. Sergio

Essa classe de remédios, assim como o álcool, estimula o sistema gabaérgico, formado por neurônios que contêm ácido gamaminobutírico (GABA). Este sistema pertence por excelência ao sistema nervoso central (SNC).

Os neurônios gabaérgicos encontram-se distribuídos por todo o SNC. Atuam através de dois tipos de receptores: GABA A e GABA B. Os benzodiazepínicos têm uma grande afinidade pelos receptores GABA A e potencializam o efeito inibidor do GABA produzindo a sedação e reduzindo a ansiedade.

O GABA é um dos mais importantes neurotransmissores que inibem o hipocampo.

O uso prolongado desses remédios, ao diminuir a ansiedade, diminui também a função do hipocampo, fazendo com que a pessoa tenha menos capacidade de formar memórias. Bloquear indiscriminadamente esse processo que é de fundamental importância para nossa sobrevida, pode ser muito pior do que se pensa. Um pouco de ansiedade é necessário, porque é exatamente ela que nos estimula a resolver os problemas.

É incrível pensar no que está acontecendo com nossa civilização; estamos ficando despreparados para viver a realidade por causa de muitas drogas que diminuem nossa capacidade de raciocinar.

Os desafios ou ameaças estimulam em muito a plasticidade hipocampal por via do cortisol, que é um dos grandes estimuladores desse mecanismo. Mas, é importante notar que, para isso, é preciso que ele esteja circulando em determinada quantidade; se for pouca, ele deixa de estimular a neurogênese e, se for muita, pode acabar por matar os neurônios hipocampais, por excesso de estimulação.

Capítulo 9
Estresse crônico: um desequilíbrio progressivo

Bel

Uma vez que o estresse é progressivo, então, se não soubermos contê-lo, ele irá inevitavelmente tornar-se excessivo.

Dr. Sergio

Sim, claro. E quando o estado de estresse e insegurança é excessivo, o cortisol é liberado em grandes quantidades, o que pode terminar causando lesão do hipocampo por morte neuronal, um processo conhecido como exitotoxicidade, que é similar a uma lesão muscular causada por excesso de exercícios físicos. Ou seja, quando o cortisol mobiliza demasiadamente os neurônios hipocampais eles ficam superativados e podem morrer, da mesma forma que um músculo, quando superutilizado, pode romper-se.

O processo por trás da neurotoxicidade é o desequilíbrio oxidante causado pela predominância de radicais livres (moléculas pró-oxidantes) – resultantes da queima calórica no corpo – dentro da célula. Esses radicais livres "enferrujam e lesam" os tecidos. Uma vez que o cérebro é um órgão basicamente gorduroso e com poucas defesas antioxidantes naturais, podemos imaginar o que acontece ao longo de anos de estresse descontrolado.

Cientificamente já se estabeleceu que as chances de desenvolver uma demência durante a velhice aumentam nos estados depressivos decorrentes do estresse crônico.

Bel

Como prevenir essa formação excessiva de radicais livres?

Dr. Sergio

Existem dois modos de fazer isso: impedir que eles aumentem ou aumentar a resistência a eles.

O corpo possui defesas naturais contra o excesso de radicais livres, como as enzimas antioxidantes e a melatonina. A natureza também fornece antioxidantes que podem ser ingeridos através de substâncias (vitaminas e polifenóis) presentes nas frutas e nos vegetais. Os mais conhecidos são a vitamina C e a E, mas existem outros potentes antioxidantes como ácido alfalipoico, presente na batata.

Em primeiro lugar é preciso entender que viver é oxidar. O simples fato de respirar produz radicais livres. Não podemos evitá-los! Porém, normalmente, há um equilíbrio entre os radicais livres produzidos e a capacidade do corpo de neutralizá-los. Existe, portanto, um balanço oxidativo, de modo que é possível manter sua ação sob controle.

No entanto, quando essa produção aumenta excessivamente, ou a capacidade de defesa diminui, ocorre um desequilíbrio no processo de oxidação, resultando em doenças. As demências, por exemplo, são uma expressão do descontrole do processo oxidativo no cérebro.

O estresse é um forte produtor de radicais livres. Como foi dito, o excesso de cortisol causa uma superestimulação dos neurônios presentes no hipocampo, levando a um desequilíbrio oxidativo, que culmina com a morte neuronal.

O fenômeno é progressivo e o desequilíbrio oxidativo vai contaminando o restante do encéfalo, ocasionando demência a longo prazo. Isso explica porque uma vida emocionalmente equilibrada e uma alimentação adequada podem ser extremamente úteis para a longevidade.

BEL

E, consequentemente, um estilo de vida equilibrado também seria uma forma de não acabarmos desenvolvendo uma demência por causa da depressão gerada pelo estresse...

Capítulo 10
O estado depressivo: uma espécie de microdegeneração do cérebro

BEL

Seria interessante falarmos um pouco sobre a depressão. O termo ficou muito comum, e acaba sendo usado para descrever estados passageiros ou brandos de tristeza e desânimo, quando na verdade ele se refere a um quadro bem mais complexo.

DR. SERGIO

As atuais teorias indicam que as origens da depressão encontram-se na questão da dinâmica neuronal. Consideram o estado depressivo como uma espécie de microdegeneração do cérebro. Temos como causa ou consequência do quadro uma diminuição da atividade de crescimento da árvore neuronal, por pouca neurogênese ou por pouca conexão entre os neurônios.

Para compreender melhor a situação, podemos imaginar que nossas memórias e experiências sejam escritas na árvore neuronal, como numa revista de história em quadrinhos. Cada quadrinho corresponde a um neurônio (ou conexão entre eles), formado pelo hipocampo. Dependendo do grau de relevância que damos a essas memórias, esse quadrinho será mantido e incorporado, ou será eliminado. No caso do estresse crônico, a consequente exitotoxicidade impede a formação dessas memórias, de modo que vamos deixando de incorporá-las.

A depressão é possivelmente o momento no qual ficamos com poucas aquisições, de forma que nossos recursos para sobreviver num mundo complexo, diminuem. A partir desse ponto, o único sentimento que acabamos aprendendo é que não existe mais esperança.

Esse sentimento é típico dos depressivos que frequentemente sentem-se "prisioneiros do agora", e relatam ter perdido a noção de perspectiva em suas vidas. Essa é uma experiência subjetiva difícil de descrever, porém bastante comum nos pacientes que se encontram em estados de depressão grave.

Bel

Então, podemos dizer que depressão é a ausência da sensação de que a vida está fluindo naturalmente.

Dr. Sergio

Exatamente. E o segredo é nunca achar que a depressão é um processo natural da vida.

Bel

Isso é muito importante ressaltar. Realmente muitas vezes a depressão é vista como algo que é próprio do processo de envelhecimento ou do acúmulo de problemas. Como se fosse algo que tivéssemos que aceitar porque faz parte da vida...

E quanto aos antidepressivos, qual é a ação deles sobre o hipocampo? Eles sempre o estimulam ou podem também atrofiá-lo?

Dr. Sergio

Todos os antidepressivos são estimulantes da neurogênese hipocampal, porque, uma vez que eles aumentam a quantidade de serotonina, estimulam as células do hipocampo a produzir fatores de crescimento que, por sua vez, estimulam o crescimento dos neurônios hipocampais. O crescimento da árvore neuronal é lento, por isso, os antidepressivos demoram algum tempo para fazer efeito.

Capítulo 11

O bom funcionamento da mente depende tanto da produção de novos neurônios, quanto da possibilidade de ter boas experiências

Bel

É fato que estamos o tempo todo escrevendo nossa própria história e o que contamos para nós mesmos, o que pensamos de nós, faz muita diferença. Nesse sentido, nossa autoimagem cria nosso destino... Quer dizer, a memória que temos e criamos sobre nós mesmos é a base de nossa história presente e futura. Eliminar as memórias de derrota e reforçar as de vitória são modos de ativarmos as experiências passadas como recursos a nosso favor.

Dr. Sergio

O bom funcionamento da mente depende tanto da produção de novos neurônios, quanto da possibilidade de ter boas experiências.

Bel

Ou seja, nossa história é feita tanto pelos quadrinhos formados pelos nossos hábitos mentais quanto pelos novos neurônios que são continuamente produzidos, e o fato de a repetirmos ou darmos a ela um novo rumo depende disso.

Dr. Sergio

Isso é fundamental. E, como instintivamente sabemos disso, temos a tendência, principalmente quando somos mais jovens, de nos lançarmos em novos desafios. Ou seja, precisamos de certo nível de estresse e de cortisol estimulando nosso hipocampo. Veja por exemplo o que acontece com as pessoas que se aposentam: podem se tornar depressivas por falta de estímulos.

Bel

Isso me faz lembrar de Guelek Rinpoche ter-nos dito que: "Até mesmo se você tiver só mais três dias de vida, seus planos deveriam ser como se você tivesse ainda cem anos por viver". Por isso ele dizia que vive mais quem faz planos mais longos.

Dr. Sergio

Uma postura de vida com a quantidade ideal de desafios, portanto, com níveis adequados de estresse podem aumentar nossa perspectiva de tempo.

Bel

Mas voltando à questão do hipocampo. Quer dizer, então, que cada vez que temos uma experiência suficientemente forte, estamos introduzindo uma nova memória-referencial em nosso hipocampo. E quando temos uma experiência ameaçadora, que desestabiliza a nossa garantia de sobrevivência, na qual produzimos uma maior quantidade de cortisol, ela necessariamente ficará gravada?

Dr. Sergio

Sim, aliás, isso é um dos grandes problemas na psiquiatria. O cérebro possui áreas específicas para armazenar memórias traumáticas. A mais importante dessas áreas é a *amígdala*, que processa a informação sensorial em termos de "memória emocional". Trata-se de uma pequena estrutura em forma de amêndoa (uma para cada um dos hemisférios cerebrais), situada na região anteroinferior do lobo temporal cerebral. Ela funciona como um alarme que dispara ao identificar uma situação de perigo, colocando-nos em alerta, gerando medo e ansiedade, preparando-nos para fugir ou lutar.

O hipocampo atua praticamente com a amígdala. Quando ele não funciona, ela funciona! Ou seja, quando não elaboramos uma situação traumática, a amígdala é imediatamente ativada.

Os sintomas dessa ativação da amígdala são desespero, ansiedade, medo.

Quando a amígdala funciona, o cortisol sobe, numa tentativa de ativar mais o hipocampo para resolver a situação. Se esse processo não se encerra entra-se numa espécie de ciclo vicioso, com a piora dos sintomas, e, consequente, perda de controle da liberação do cortisol. Com o cortisol muito alto, a exitotoxicidade piora a situação do hipocampo – circunstância difícil de se resolver sem a inferência de medicamentos.

Os neurotransmissores têm igual importância nesse processo. Para podermos nos acalmar e elaborar o estresse, a serotonina precisa ser liberada. Como foi dito anteriormente, sua ação inibe a atividade da amígdala, além de ser igualmente estimulante da neurogênese hipocampal.

As pessoas com dificuldade de produzir serotonina têm maiores chances de desenvolver sintomas de ansiedade, medo e depressão, uma vez que suas amígdalas estão sempre em grande atividade, aumentando o estresse. Na prática, consideramos esses indivíduos incapazes de relaxar ou de suportar fatos adversos.

Bel

Então, quanto menos serotonina tivermos mais ansiosos estaremos na busca por soluções, parece uma luta sem fim...

Dr. Sergio

Isso mesmo!

Capítulo 12
Incoerência gera estresse

BEL

O mundo à nossa volta é cheio de incoerências. Ter que *destrinchar* as informações que nos chegam é também um fator estressante.

DR. SERGIO

É verdade. A amígdala cerebral funciona como um radar, monitorando as situações, detectando aquilo que necessita ser investigado, por ser novo, surpreendente ou importante. Ela coordena os sinais de advertência no cérebro. Provoca a reação de luta, fuga ou inércia, diante do perigo.

Quanto maior a necessidade de vigilância gerada pela amígdala, maior a nossa atenção para as dicas emocionais transmitidas pelos outros. Esse foco intensificado, por sua vez, evoca-nos sentimentos, favorecendo o contágio emocional. Assim, nossa susceptibilidade às emoções de outras pessoas aumenta nos momentos de apreensão.

BEL

De fato, muitas vezes ficamos vulneráveis e somos facilmente contaminados pelas emoções alheias. O problema maior, a meu ver, é que elas podem estar dissimuladas e nos tiram do eixo sem ao menos conseguirmos explicar. Por exemplo: quando alguém nos diz algo racionalmente coerente, mas seu tom de voz não condiz com sua fala, causando uma forte sensação de estranhamento e desconforto.

DR. SERGIO

Exatamente. Isso nos faz pensar no quanto a intimidade com uma pessoa ambivalente pode ser de fato estressante e prejudicial à nossa vida.

O mecanismo cerebral (formado pela amígdala, córtex pré-frontal e neurônios específicos) nos torna capazes de reconhecer as expressões e intenções nos rostos dos indivíduos.

A amígdala é capaz de reconhecer feições hostis, mesmo que de forma inconsciente. Basicamente, ela reconhece as feições que transmitem ou não confiança e, automaticamente, aciona o eixo de estresse no caso de possível perigo nesse relacionamento.

Bel

O cérebro tem uma espécie de radar para a falta de sinceridade... Eu gosto muito de ler os livros do Paul Ekman sobre as microexpressões. Ele catalogou 3 mil combinações de movimentos musculares de rosto e concluiu que as expressões faciais são universais. O seu trabalho gerou o seriado *Lie to Me* (Engana-me se puder), que é ótimo e nos ensina a tomar consciência do conteúdo das expressões. No site de Paul Ekman (www.paulekman.com), há um interessante programa de treinamento para aprendermos a ler as microexpressões incoerentes. Ele explica que se, por exemplo, uma pessoa ri durante uma conversa sem mexer os olhos, o nosso cérebro sabe que o riso não é verdadeiro.

Por isso a coerência entre o que sentimos e o que vivemos é tão importante. Nesse sentido, conquistar uma coerência interna, ou seja, desenvolver a transparência em relação a nós mesmos é igualmente fundamental.

No livro *A mente em desenvolvimento*, o neurobiologista Daniel Siegel diz:

> A maioria das pessoas experimenta algum grau de conflito entre os desejos internos e as realidades externas. Porém, por vezes, estes desejos fazem parte de estados de espírito bastantes distintos, que permanecem fora da consciência de muitos indivíduos. Mesmo sem consciência, a mente pode experimentar o desequilíbrio emocional de tais conflitos como o começo da depressão, da ansiedade, da raiva descontrolada, de uma sensação de falta de sentido e de desconexão (como num "falso eu"), de perda de motivação e de dificuldades interpessoais.[9]

Não que seja fácil conquistar essa coerência interior. Mas sermos sinceros conosco é imprescindível para superarmos o desconforto de lidar com os nossos sentimentos antagônicos.

Dr. Sergio

O segredo é saber usar os recursos que são oferecidos hoje em dia. Temos de ter a capacidade de ser coerentes com cada etapa de nossa vida. Cada situação requer uma atenção especial.

---

[9] SIEGEL, Daniel. *A mente em desenvolvimento*. Lisboa: Instituto Piaget, 1999. p. 398.

Capítulo 13
A síndrome de Burnout, o transtorno do estresse pós-traumático e a crise de pânico

Dr. Sergio

O estresse é uma situação complexa: podemos acabar deficientes de serotonina e de cortisol por excesso de demanda!

Clinicamente, os quadros que mais se relacionam a isso são a síndrome de transtorno do Burnout e o transtorno de estresse pós-traumático. Nesses casos, a questão gira em torno de ter ou não a quantidade ideal de cortisol para estimular o hipocampo de forma adequada. Quando precisamos resolver uma situação e não produzimos a quantidade suficiente de cortisol para enfrentá-la, o resultado é a sensação de incapacidade de confrontar e de lutar, e intolerância em relação a mínimos fatores de estresse.

O transtorno do estresse pós-traumático (TEPT) pode surgir após uma situação em que a integridade física ou psicológica é colocada em risco grave. Os sintomas do quadro se resumem basicamente a uma permanente incapacidade de relaxar e elaborar mentalmente o fato ocorrido. É importante salientar que nem todas as pessoas que passam por esse tipo de situação desenvolvem o quadro. A intensidade do trauma também não parece ser um fator determinante para seu surgimento. Ele depende da sensibilidade individual, com maior incidência em sujeitos particularmente suscetíveis.

Bel

Se uma pessoa tem um eixo de estresse muito sensível, ela pode desenvolver o transtorno do estresse pós-traumático também pelo acúmulo de pequenas situações extenuantes?

Dr. Sergio

Pode, pode sim. O que se descobriu é que não é o fato em si, nem o grau de sua intensidade que desencadeia essa patologia, mas a suscetibilidade genética da pessoa. Estima-se que apenas 10% da população desenvolva transtorno do estresse pós-traumático. Alguns indivíduos são particularmente suscetíveis.

BEL

Nesse caso, em vez do cortisol subir com o estresse, há falta dele...

DR. SERGIO

Sim. Na falta da força de defesa do cortisol, o corpo lança mão de um último recurso: a liberação de adrenalina e noradrenalina. Quando predominantes, essas substâncias são responsáveis por boa parte do transtorno do estresse pós-traumático. A adrenalina causa basicamente taquicardia e ansiedade, e a noradrenalina causa suor e excesso de motivação para a fuga.

BEL

Emocionalmente o que sente esse indivíduo?

DR. SERGIO

Ele se sente em perigo permanente e pânico: ansiedade para a fuga, desespero.

BEL

É importante saber disso para compreender melhor o que sente uma pessoa nessa situação.

DR. SERGIO

Sem dúvida é uma situação de muito sofrimento, que em geral deixa esse indivíduo incapacitado para a vida normal.

BEL

Eu noto em muitos pacientes que sofrem de pânico que o raciocínio lógico a respeito do que está lhes acontecendo não é suficiente para acalmá-los. Apesar de *saberem* por experiências anteriores que o pânico vai passar, o grande medo e agonia que *sentem* durante o episódio impede o uso da lógica racional. O que eu procuro fazer é ajudar o paciente a manter a respiração calma e a focar a mente em algo fora de si, como ler um rótulo de uma embalagem ou mesmo assistir à propaganda na televisão.

DR. SERGIO

Concordo com o seu método, porque o que precisamos evitar é a hiperoxigenação, que é responsável por sintomas como o formigamento das extremidades do corpo. Essa é uma sensação desconfortável para o paciente em pânico.

Capítulo 14
Há algo em nosso mecanismo interior que "entende" e "interpreta" nossos limites

BEL

Precisamos do cortisol para fixar a memória, mas seu excesso destrói o hipocampo. Resumindo: o cortisol tanto pode ser um remédio como um veneno. Certo?

DR. SERGIO

Exatamente. Por isso a quantidade de cortisol liberado durante o estresse pode explicar porque algumas experiências nos enriquecem e outras nos traumatizam. Isto é, numa dimensão apropriada, o estresse pode se transformar em uma experiência enriquecedora, se sua química for bem adaptada. Se ocorrer de modo exagerado, acaba resultando em um grande desequilíbrio.

BEL

Parece-me, então, que a diferença entre uma pessoa sair de uma situação difícil enriquecida ou traumatizada equivale à diferença entre conseguir ir adiante ou ficar paralisada. Quer dizer, somos determinados pela quantidade de cortisol que liberamos? Afinal, o que faz que ele seja liberado em quantidade inadequada?

DR. SERGIO

Sim. Mas podemos mudar a pergunta: o que nos faz reagir de modo adequado aos desafios, com a quantidade química suficiente para nos enriquecer? Inúmeros fatores físicos e emocionais, como disse anteriormente, estão envolvidos. Possivelmente essa é a chave do bem-estar e, quem sabe, até da felicidade. Há grande quantidade de trabalhos científicos que demonstram que as pessoas mais equilibradas e com melhor nível de bem-estar vivem mais![10]

---

[10] Saiba mais: http://pesquisa.bvsalud.org/regional/resources/mdl-19797966; http://pesquisa.bvsalud.org/regional/resources/mdl-19885645.

De qualquer modo, é muito difícil responder a essa pergunta com precisão. Há algo em nosso mecanismo interior que "entende" e "interpreta" nossos limites. O corpo emite sinais para nosso cérebro. Por exemplo: o estado físico de um jovem, com músculos sadios, vai fazer que se sinta capaz de resolver problemas e, portanto, vai produzir a quantidade adequada de cortisol que necessita. Já uma pessoa debilitada fisicamente ou envelhecida vai produzir cortisol em excesso, porque seu corpo compreende que precisa criar mais força.

Bel

Isso pode ser comparado a dar a partida num carro. Quando o motor é novo, basta ligar que já funciona; ele sobe uma ladeira sem dificuldade. No entanto, para fazer um motor mais desgastado pegar, é preciso pisar várias vezes no acelerador e ele nem sempre sobe a ladeira... Seria mais ou menos isso?

Dr. Sergio

Essa seria uma boa comparação, sim, está certo. Agora, como estava dizendo, o corpo envia uma mensagem para o cérebro. Não se sabe ainda muito bem como, mas é bem provável que o hipocampo funcione como mensageiro nesse processo.

O hipocampo recebe, por exemplo, mensagem de hormônios que estão ligados a fatores alimentares, como a grelina (liberada pelo estômago), a insulina, o IGF-1, que são dependentes do estado nutricional de cada indivíduo. Portanto, se ele estiver malnutrido, com a musculatura fraca, vai enviar uma espécie de mensagem de sua incapacidade física para o hipocampo.

As áreas de associação emocional do cérebro (como o hipocampo) que formulam as soluções dos nossos problemas, recebem a informação do corpo e, a partir daí, é determinada a quantidade de cortisol que será produzida. Isso explica por que pacientes com anorexia sofrem de depressão severa, em geral acompanhada de hipercortisolemia.

Bel

E o que acontece com uma pessoa que produz pouco cortisol e que, portanto, perdeu a força de arranque do seu motor?

Dr. Sergio

Ela precisará evitar algumas ladeiras para não forçar ainda mais seu motor. Ou seja, deverá se poupar de situações estressantes que demandem maior produção de cortisol.

Bel

Você quer dizer que ela não tem como restabelecer sua capacidade de produzir a quantidade adequada de cortisol?

Dr. Sergio

Esse assunto é ainda pouco explorado e compreendido. As conexões do cortisol com o organismo e com o cérebro são múltiplas e complexas. Parece que uma delas passa pelo próprio hipocampo, que é muito rico em receptores para o cortisol. Se o indivíduo viver em estado de estresse crônico, os receptores podem enviar uma mensagem para que a produção cesse.

Esse quadro é conhecido como fadiga adrenal. Os sintomas são pressão baixa, hipoglicemia, fraqueza, problemas de imunidade, incapacidade física de tolerar mínimos fatos, o que ocasiona desmaios e crises emocionais.

No geral, esses pacientes recebem prescrição de antidepressivos, a fim de aumentar a serotonina, que, nesses casos, está deficiente.

Bel

Então, é melhor a pessoa reconhecer às condições reais do seu corpo, senão ela vai se sobrecarregar continuamente.

Dr. Sergio

Com certeza. É importante ela não se sobrecarregar. Porque a cada choque e a cada necessidade de uma nova descarga de cortisol, o corpo vai ficando com maiores dificuldades em se readaptar. Ou seja, a capacidade de "voltar ao normal" vai ficando cada vez menor, o que pode resultar em permanente falta de adaptação ao estresse.

A suprarrenal é a primeira linha de defesa da qual o organismo lança mão para nos adaptar aos desafios do mundo exterior. Ela produz substâncias, tais como a adrenalina, a noradrenalina, o DHEA (um pró-hormônio responsável pela sintetização de hormônios sexuais), a aldosterona e os hormônios sexuais.

A suprarrenal responde pelo modo como vamos enfrentar o mundo, de acordo com inúmeros fatores relacionados ao corpo e a mente. Por exemplo, o que vai determinar se a nossa reação será de luta ou de fuga é o balanço DHEA/cortisol. Quando se é jovem, os níveis de DHEA costumam ser bem maiores do que os de cortisol, o que explicaria a agressividade nessa fase da vida. Com o envelhecimento, essa relação vai se invertendo, tornando-nos seres em busca de segurança e proteção.

Bel

Como vimos, o problema não são as situações estressantes que vivemos em si mesmas, mas como nosso corpo e nossa mente interpretam essas situações.

Creio que o mais importante é não negarmos nossas dificuldades, sejam bioquímicas ou emocionais. Aceitar nossos limites atuais, incrementar nossa aprendizagem com novos recursos para lidar com circunstâncias de vida, aprender a relaxar...

Dr. Sergio

Exatamente. No decorrer da vida, encaramos grandes desafios e somos até mesmo tentados a encará-los de maneira a testar e estimular nosso eixo de estresse, mas se perdermos o controle sobre o processo que nós mesmos desencadeamos, é possível acabar como vítimas dele. O segredo para manter o cérebro em bom funcionamento é nunca deixar esse processo avançar.

Bel

Para isso, precisamos desenvolver uma confiança radical. Ou seja, atingir um estado de confiança interna capaz de nos manter equilibrados diante dos desafios.

Dr. Sergio

É justamente essa confiança interna que impede excessos; ela desarma os hormônios do estresse, tirando-nos do estado de alerta.

Bel

O paciente depressivo naturalmente não sente esse estado de confiança, daí a importância de sentir confiança naquele que trata dele. Assim, aos poucos, poderá sair desse estado de alerta.

Dr. Sergio

Vejo que os pacientes que confiam em nós nitidamente têm melhores resultados. Basta lembrar que o efeito placebo representa um número muito grande, aproximadamente 30% do tratamento de indivíduos depressivos.

Bel

Hoje já sentimos os efeitos do estresse e, se não tomarmos as providências necessárias para diminuí-lo, ele vai facilmente se transformar em uma espécie de epidemia em alguns anos.

Dr. Sergio

O processo pode ser bem rápido...

Capítulo 15
As emoções contagiam: somos moldados neurologicamente por nossos relacionamentos

BEL

Eu percebo que quem possui uma mente mais clara e tranquila, acalma quem está a sua volta, pela sua simples presença. Quando tenho a oportunidade de conviver diariamente com Lama Gangchen Rinpoche, percebo como minha mente se torna mais relaxada ao mesmo que em que fico mais ativa, indagadora. Por exemplo, se algo está me preocupando, noto que, ao estar ao seu lado, recupero mais facilmente a confiança na minha capacidade de superar o problema, pois consigo pensar *nele* sem me sentir presa a ele. É algo sutil, mas que desencadeia um novo processo de solução diante do problema.

DR. SERGIO

Hoje já é sabido que temos células cerebrais chamadas neurônios-espelho, que nos fazem simular automaticamente as ações das pessoas que nos cercam. Por meio delas, ao observar as atitudes das outras pessoas, conseguimos interpretar suas intenções e sentimos ou não empatia por elas.[11]

BEL

Nesse sentido, empatia é aprendizado. E, uma vez que essas células permitem ao nosso cérebro imitar automaticamente o que vemos, podemos dizer, então, que elas estão diretamente envolvidas no processo de aprendizagem, por meio da convivência social, da imitação e da observação?

DR. SERGIO

Sim. Elas refletem muito do que vemos e ouvimos. E nos ajudam a entender as intenções e as emoções das pessoas com quem nos relacionamos, por

---

[11] Saiba mais: http://neurotransmitter.net/mirrorneurons.html.

meio da ativação, em nosso cérebro, das mesmas áreas envolvidas nas situações emocionais vivenciadas por elas. Do mesmo modo, simulamos os sentimentos alheios, sendo capazes de, literalmente, sentir o que o outro está sentindo. Isso explica por que somos contagiados pela alegria ou pela tristeza dos que nos cercam.

Bel

Então você está dizendo que esse processo ocorre automaticamente, mesmo que não percebamos? Por exemplo, se estamos perto de uma pessoa com raiva, "simulamos" esse sentimento em nosso cérebro? Ou seja, nós podemos "pegar" emoções negativas da mesma forma como "pegamos" um vírus?

Dr. Sergio

Sim, uma emoção pode ser transmitida silenciosamente de uma pessoa para outra, sem que nenhuma delas note que isso está acontecendo ou mesmo se dê conta da emoção. Na maior parte das vezes, reconhecemos sinais, expressões e intenções inconscientemente.

Bel

Isso explica também por que é tão restaurador estar perto de pessoas calmas e seguras e o fato de a gente se sentir bem só de encontrá-las, como eu havia dito.

Dr. Sergio

Sem dúvida, as pessoas do nosso círculo social são de fundamental importância no nosso equilíbrio emocional. Querendo ou não, somos moldados neurologicamente por nossos relacionamentos.

Capítulo 16
Viver sob alerta: quando o eixo de estresse é facilmente acionado

Dr. Sergio

É interessante observar como a sensibilidade na resposta ao estresse é moldada por experiências precoces, desde a fase intrauterina. Se a mãe passa por muito estresse durante a gravidez, o bebê já se prepara para nascer em um meio perigoso, por isso o seu "alarme" será mais sensível.

Rachel Yehuda, pesquisadora de estresse pós-traumático, constatou que os filhos dos sobreviventes do holocausto, mesmo tendo crescido em um ambiente menos hostil que o dos pais, têm maior tendência a desenvolver o estresse pós--traumático, pois há um aumento da sensibilidade do seu eixo de estresse.[12]

Podemos notar o mesmo processo, de modo inverso, nos animais não predadores que foram domesticados por gerações. Eles foram perdendo o medo de serem caçados, tornando-se com isso mais corajosos e agressivos, de modo que muitas vezes corremos o risco de sermos atacados quando esses animais estão com fome. Por isso não se deve alimentar animais selvagens, mesmo os mansos.

Desde o nascimento, formamos uma identidade em relação ao meio externo, que leva em conta a nossa história e a dos nossos antepassados. A mensagem recebida em relação ao grau de perigo do meio externo corresponderá à sensibilidade do nosso organismo para mobilizar o eixo de estresse. Em um meio considerado perigoso para a sobrevivência, a mobilização tem de ser rápida, intensa e a resposta precisa ser disparada ao menor sinal de perigo.

O tom da regulagem do alarme é, portanto, ajustado pelas experiências de vida precoces, desde o período gestacional, ou por influências genéticas. As pessoas que nascem com o eixo de estresse muito sensível têm o alarme regulado para cima. Qualquer coisa o faz disparar. Às vezes a solução é desligá-lo; e quando isso não ocorre, o indivíduo apresenta sérios sintomas de irritação, insônia, vivendo num estado constante de hipervigilância. Um leve barulho pode causar um sobressalto acentuado.

---

[12] Saiba mais: http://www.mountsinai.org/profiles/rachel-yehuda.

Bel

Eu costumo dizer que "um susto só passa com outro susto fracassado"... É preciso várias experiências positivas para anular uma negativa. Por exemplo, pessoas que passaram por tratamento de câncer revivem o estado de apreensão do diagnóstico cada vez que vão checar o resultado dos exames de controle pós-tratamento. São necessários repetidos exames negativos para anular o medo de ter uma recidiva.

Ou seja, a pessoa só se torna confiante após repetidas experiências de sucesso. É preciso haver muitas ocorrências positivas para construir a autoconfiança na capacidade de superar os desafios da vida.

De modo geral, a cada vez que nos deparamos com uma situação de susto ou medo, ficamos imediatamente assustados pelo *hábito de sofrer*. Agimos de acordo com a memória "traumática" do passado, o que, muitas vezes, impede nosso ajuste à realidade presente. Com isso, deixamos de estar receptivos às circunstâncias favoráveis simplesmente porque não "confiamos" nelas.

O que me parece mais relevante é lembrarmos que o hábito de não confiar é inconsciente. Os caminhos neuronais aprendidos regem nossas atitudes de modo inconsciente e, para mudar isso, temos de refazer esses caminhos por meio de um novo comando, consciente.

É preciso desenvolver a confiança interior para que fiquemos abertos à realidade presente, reconhecendo e aprendendo o que ela tem de novo, e atualizando assim as experiências. À medida que percebemos que não é mais necessário agir com desconfiança, podemos nos soltar das aflições e partir para novas atitudes.

Dr. Sergio

Pois é, mas é difícil retroceder totalmente com relação a esses condicionamentos iniciais.

Além disso, não são apenas as situações da vida que acionam o alarme para o perigo. Várias perturbações no funcionamento do organismo podem literalmente desregular o sistema de alarme.

Somando esse comprometimento da química do organismo às situações de vida, temos um sistema que passa a disparar de modo inadequado.

Daí a importância de adquirir inteligência emocional, para sermos menos capturados pelos estados emocionais confusos. É preciso desenvolver a habilidade interior de perceber as emoções em si mesmo e nos outros, sabendo usar essa percepção para pensar e agir de modo coerente, claro e direto.

Bel

Para isso, não basta ter a mente calma, é preciso cultivar o processo do autoconhecimento. Lama Gangchen me disse certa vez: "Não é bom ter dúvidas, mas precisamos investigar continuamente, para aprofundar nossas certezas". Ou seja, a mente clara não é superficial porque, ao mesmo tempo que se expande, aprofunda suas percepções.

Eu noto que hoje em dia muitas pessoas buscam a meditação como uma técnica, um exercício mental para melhorar o equilíbrio interno e a capacidade de concentração, mas não têm como meta desenvolver a capacidade de amar, de ter paciência e empatia – ou seja, não estão em busca do desenvolvimento interior.

Dr. Sergio

Esse é um ponto a que sempre voltamos em nossas conversas. Não adianta "enganar" o corpo bioquimicamente: para encontrar o verdadeiro bem-estar, é preciso desenvolver-se interiormente. Tampouco adianta cuidar apenas das atitudes mentais; é preciso manter a bioquímica equilibrada.

Capítulo 17
Quando o autoconhecimento nos liberta dos padrões destrutivos de relacionamento

Bel

    O processo de autoconhecimento segue um caminho contínuo e gradual, requerendo inevitavelmente algumas atitudes básicas, como honestidade, coragem, abertura, discernimento e paciência. Em outras palavras, só nos conhecemos quando paramos de "implicar" conosco e abandonamos o hábito de nos denegrir. Isto é, ao perceber que fazemos mal a nós mesmos, somos capazes de gentilmente inverter esse processo. Confiando na capacidade de se resgatar da atitude destrutiva, não há mais razão para temer a si próprio. Esse é o tipo de vida interior cultivado pelos ensinamentos do Budismo Tibetano – e, com certeza, muitos outros sistemas se baseiam nesse fundamento.
    No entanto, aquele que busca o autoconhecimento sabe que a sociedade nos instiga continuamente a olhar mais para fora do que para dentro; a acreditar que precisamos mais do mundo externo que dos recursos internos. Este é o grande ganho do autoconhecimento: saber reconhecer e mobilizar os recursos internos. Por exemplo: se nos sentimos despreparados para lidar com determinada situação, mas reconhecemos e aceitamos nossos pontos de vulnerabilidade, com a intenção de fortalecê-los, podemos alimentar a esperança de dar um primeiro passo em direção à solução. Então, algo muda: não estamos mais atolados no mesmo ponto do sofrimento. O próximo passo consiste em saber receber ajuda. Para superar um hábito destrutivo ou um vício, por exemplo, não basta *crer* que já o superamos. Muitas vezes, temos uma imagem idealizada de nós mesmos: em nosso imaginário, vemos quem deveríamos ser e não quem realmente somos! Mas, se negamos nossa vulnerabilidade, ela nos atacará assim que abaixarmos a guarda. Porém, isso não significa que estamos condenados a vigiar eternamente nossos pontos fracos ou que seja impossível superá-los! Podemos dar uma virada se soubermos receber ajuda para conquistarmos um novo olhar sobre a situação.
    Muitas vezes deixamos de buscar essa ajuda porque na ânsia de superarmos nossas dificuldades tendemos a negar o quanto estamos profundamente

submetidos a elas. Porém, enquanto negarmos a realidade de que certa atitude interna, ou mesmo uma situação externa, nos deixa vulneráveis, estaremos presos a ela.

Geralmente é esse o caso quando se trata da dependência de um relacionamento destrutivo que mobiliza nosso medo e ressentimento, acentuando nossos pontos fracos e reduzindo nosso potencial criativo e consequentemente nossa capacidade de seguir em frente. Nessa situação, sentimo-nos dependentes do outro porque estamos sob o comando dele. Perdemos o acesso direto à nossa voz interior. Não conseguimos escutá-la por nós mesmos e usamos o outro como porta-voz de nossos anseios mais profundos, dando a ele um poder extremo e perigoso! Afinal, nesse caso, estamos vazios de nós mesmos. E vazios, corremos o risco de aceitar qualquer coisa para nos preencher.

Paule Salomon, em *A sagrada loucura dos casais*, escreve algo bastante esclarecedor a esse respeito:

> Tornar-se dependente de alguém é também tê-lo sob a sua dependência, assegurando-se de que a relação vai continuar, de que ele não vai nos deixar. Quanto mais entramos nesse papel de dominador ou de dominado, mais precisamos do outro para existir.[13]

Ou seja, culpando-o por nosso mal-estar, mantemo-lo perto de nós, pois, à medida que o responsabilizamos por nossa condição, dependemos dele. Apesar de os jogos de poder nos relacionamentos gerarem mal-estar, eles mantêm o casal cada vez mais preso no relacionamento destrutivo. Paule Salomon esclarece que tudo ocorre como se o casal girasse em círculo, cego e em desespero, cada um ignorando o que o outro busca, tendo poucos momentos de descanso. Esse giro acontece em torno do vazio de cada um, e não há quem os acompanhe nessa ronda infernal. Quanto mais pressão, mais eles se prendem um ao outro. Quanto menos alcançam sua demanda fundamental, mais se frustram, reproduzindo compulsivamente comportamentos inadequados... Pressionar, fazer jogo duplo, criar uma cumplicidade circular, manipular o outro, tornar-se dependente, sair da realidade, repetir histerias: essas são as características dos jogos de poder.

Quando os relacionamentos chegam a esse ponto, de fato é muito triste. Uma relação só é saudável quando é rica em seu potencial de troca e está livre da competição acirrada e de dominações.

Um terapeuta ou amigo sábio poderá nos ajudar a reconhecer o que estamos projetando no outro quando achamos, erroneamente, que precisamos dele para ser quem somos.

---

[13] SALOMON, Paule. *A sagrada loucura dos casais*. São Paulo: Cultrix, 2003. p. 102.

Assim, por meio do autoconhecimento iremos gradualmente descobrir quem somos e de quais recursos necessitamos para acessar nossos desejos mais autênticos, sabendo que somos merecedores de respeito, carinho e gentileza. O autoconhecimento é dinâmico, portanto, cheio de altos e baixos: ora nos sentimos fortes, ora frágeis. A sinceridade com que aprendemos a lidar com ambas as situações nos faz sentir vivos internamente. Quando não temos mais por que evitar a nós mesmos, não há por que nos sentirmos vazios!

É muito bom nos conhecermos. Eu diria mais: é um alívio! Conhecer-se não quer dizer ter uma atitude narcisista, isto é, dar maior importância a si mesmo, deixando de ser empático com os outros. Conhecer-se significa tornar-se responsável pelas próprias atitudes e direção de vida. Esse é um processo constante, afinal estamos sempre em transformação.

Ao fazer isso, nos tornamos capazes de cultivar uma nova abordagem dos relacionamentos e das situações. Podemos seguir os conselhos de Chögyam Trungpa Rinpoche sobre o amor:

> Quando desejamos extremamente alguma coisa não estendemos automaticamente a mão ou lançamos um olhar automaticamente; simplesmente admiramos. Em vez de fazermos um movimento impulsivo de nossa parte, permitimos um movimento do outro lado, o que significa aprender a dançar com a situação. Não precisamos criar toda a situação; apenas a observamos, trabalhamos com ela e aprendemos a dançar com ela.[14]

---

[14] Texto completo em: http://www.nossacasa.net/shunya/default.asp?menu=968#inicio.

Capítulo 18

Inteligência emocional: a habilidade de aproximar-se e reconhecer os próprios sentimentos e os dos outros

BEL

Recentemente, ao ler o livro *O momento decisivo*: o funcionamento da mente humana no instante da escolha, de Jonah Lehrer,[15] esclareci uma antiga suspeita: a de que nós, seres humanos, somos emocionais por excelência! A neurociência está provando que a ideia de que somos seres racionais é falsa.

Desde os tempos da Grécia antiga, afirmava-se que a habilidade de racionalizar tornava o ser humano *superior* aos outros animais. Creio que, até aí, tudo iria bem, não fossem os preconceitos que se criaram a partir disso em relação à natureza emocional.

Platão, no século IV a.C., apregoava que o homem deveria suprimir sua sensibilidade, suas emoções, que o impediam de agir moralmente, ou seja, racionalmente. Para ele, filosofar era agir puramente de forma racional!

Essa forma de pensar ganhou nova força na França, no século XVII, com René Descartes, considerado o primeiro filósofo moderno. Ao contrário dos gregos antigos, que acreditavam que as coisas eram simplesmente porque eram, Descartes instituiu a dúvida: só se pode dizer que existe aquilo que for provado, sendo o ato de duvidar indubitável! Assim, surgiu sua famosa frase: "Penso, logo existo". Mais uma vez, o homem foi estimulado a pensar, verificar, analisar, sintetizar, enumerar. E, para tanto, era preciso deixar as emoções de lado.

O ponto é que nosso cérebro emocional vem sendo depreciado no Ocidente há mais de 2.400 anos! As emoções foram se transformando em algo pouco confiável que deve, preferencialmente, ser escondido, ou mesmo censurado. Aprendemos que devemos "pensar bem", "controlar nossas emoções" ou "ser superiores a elas" principalmente na hora de tomar uma deci-

---

[15] LEHRER, Jonah. *O momento decisivo*: o funcionamento da mente humana no instante da escolha. São Paulo: Best Business, 2010.

são. Elas se transformaram numa espécie de *bode expiatório* de todas as nossas más escolhas.

No entanto, a ideia de que as emoções deviam ser deixadas de lado foi por água abaixo em 1982, com o caso do neurocientista português António Damásio e seu paciente, Elliot.

Após extrair um pequeno tumor do córtex cerebral, apesar de estar fisicamente bem e de seu QI não ter sofrido alterações, Elliot passou a não conseguir tomar decisões, mesmo as mais rotineiras, como escolher que roupa usar. Naturalmente, sua vida ficou totalmente arruinada. Ele perdeu o emprego e esse comportamento limitador levou sua mulher a querer o divórcio.

Elliot encontrava-se emocionalmente distante de tudo, de todos, assim como de si próprio. Sua fala era calma, porém indiferente. Não demonstrava qualquer sentimento de frustração, impaciência ou tristeza. Esse fato levou Damásio a questionar a premissa da racionalidade humana, segundo a qual pessoas sem emoções seriam capazes de tomar as melhores decisões! "Um cérebro que não consegue sentir não pode decidir", concluiu.

Com base no estudo desse paciente e de muitos outros, ele começou então a compilar um "mapa do sentimento", localizando as áreas específicas do cérebro que são responsáveis pela geração de emoções.

Aproximar-se e reconhecer os próprios sentimentos, e os dos outros, assim como aprender a lidar com eles e expressar emoções, são formas de desenvolver a inteligência emocional: saber reconhecer e validar os sentimentos e pensamentos presentes em escolhas e decisões.

Muitas vezes, usamos um mecanismo de defesa chamado *racionalização* para não encarar os problemas de frente: criamos *desculpas racionais* para nossas dificuldades emocionais. Uma maneira fácil de distinguir se estamos tendo um *pensamento racional* ou fazendo uma *racionalização* é notar a diferença entre os dois: o pensamento racional busca "razões boas", ao passo que a racionalização cria "boas razões". Por exemplo, tentar evitar o contato com alguém com quem tenho um conflito não resolvido enquanto busco equilíbrio para lidar com essa pessoa é uma "razão boa" para não falar com ela, mas evitá-la porque "ando muito ocupada ultimamente" é apenas uma tentativa de criar uma "boa razão" para fazer isso.

Ao tomar contato com nossos sentimentos, aumentamos a consciência dos estados sensíveis de nossa mente. Esse é um processo íntimo que requer uma atitude introspectiva. No momento em que expressamos nossos sentimentos, eles se manifestam como emoções.

À medida que aprendemos a prever as consequências de nossas escolhas, podemos nos responsabilizar por elas. Ganhamos autoconfiança e coragem.

No entanto, podemos refletir o quanto quisermos (e pudermos), mas, quando chegar o momento de decidir, não haverá como evitar o "frio na barriga" diante do salto no escuro... Primeiro, porque toda experiência é única – não temos como buscar garantias nas experiências alheias –; depois, porque só quando *nos tornamos* o novo é que descobrimos que cara ele tem!

Capítulo 19
O ciclo do eixo saudável de estresse

Bel

Quem não conhece a sensação de não estar em sintonia consigo próprio?

Essa falta de sintonia fica muito evidente quando o mundo exterior e o interior estão em desarmonia. Quando vivemos em um contexto externo muito diferente do nosso universo interior, a tendência é estarmos dissociados de um ou de outro. Ou vivemos intensamente nosso mundo interior, sem estarmos de acordo com os eventos externos, ou damos excessiva atenção a eles deixando de atender às nossas necessidades interiores. Mas uma hora teremos de lidar com ambas as realidades.

Dr. Sergio

Na verdade, é preciso observar os fatores que favorecem essa falta de sintonia, causando uma desarmonia na relação entre o corpo e a mente. Acredito que um dos principais deles é o estresse.

Veja bem, o estresse é um ciclo com começo, meio e fim. Quando ele não se fecha, é que surgem os sintomas de desadaptação. Para entender melhor o estresse, eu criei o seguinte esquema didático:

O ciclo inicia-se pela ativação imediata do cérebro e do corpo, devendo terminar com a volta ao estado de normalidade. Para isso, o organismo lança mão de dois processos básicos, mediados por uma química própria, e que envolve, em termos de neurotransmissores, dois grupos químicos de substâncias: as catecolaminas e as indolaminas.

A ativação do nosso estado de alerta ou de defesa causa a liberação das catecolaminas (adrenalina, noradrenalina e dopamina) e o processo termina com sua desativação e retorno ao estado inicial, mediado pelas indolaminas (serotonina e melatonina). Por exemplo, suponha que você está tranquila, passeando numa praça e, de repente, seja abordada por um assaltante. Imediatamente você aciona o eixo ativador do estresse. Por fim, passado o susto, você deve entrar em um estado de desativação que lhe permita voltar à neutralidade anterior ao perigo. Contudo, não basta sentir-se bem, é preciso aprender com a experiência.

BEL

Você está dizendo que, para realizar um ciclo de estresse completo, temos de partir de um estado psicossomático equilibrado e voltar a ele, certo? Isso não é nada fácil. Afinal, como voltar a um estado de equilíbrio se, em geral, não partimos dele?

DR. SERGIO

Sem dúvida, essa é a minha teoria. Boa parte das pessoas permanecem em um estado constante de desequilíbrio. Por vezes, o desequilíbrio bioquímico é sutil, sequer o percebemos conscientemente. Nesse caso dizemos que essa pessoa não está resiliente ao problema, ou seja, não existe uma percepção racional do desequilíbrio bioquímico interior.

Enquanto o ciclo do estresse não se fecha, o organismo tenta fazer as compensações necessárias para se mantermos funcionando dentro de alguma normalidade.

O problema de mantermos alguns ciclos constantemente abertos é que acabamos por viver com uma espécie de bomba-relógio dentro de nós, que um dia acabará explodindo no aparecimento de uma doença psicossomática ou psíquica.

Agora, veja bem, eventualmente o meio externo é de tal modo ameaçador que de fato não temos como fechar o ciclo do estresse. Ou seja, ele só poderá ser fechado mediante uma mudança da situação externa. Por exemplo, um pai de família que se encontra em dificuldades financeiras terá o seu organismo permanentemente em estado de ativação enquanto não conseguir uma segurança material. Sabemos que nenhuma ajuda psicológica será suficiente nesse caso.

BEL

Sem dúvida, não há apoio psicológico que nos ajude a pagar a conta do final do mês!... Mas quem está fora do problema pode ajudar a enxergar soluções que nós não vemos. Às vezes é preciso de fato aceitar que estamos sem saída, desistir realmente do modo como lidamos com a situação para encontrar um outro modo lidar com ela. Nesse sentido, você acha que poderíamos fechar o ciclo com a aceitação daquilo que é inexorável? Ou seja, com a aceitação das circunstâncias?

DR. SERGIO

De fato, isso não é fácil. O instinto de manutenção da vida e da integridade é, sem dúvida, o mais presente e o mais elementar de todos, e dificilmente será ignorado pelo aparelho psíquico. Logo, em circunstâncias ameaçadoras, ele necessariamente irá se manifestar.

BEL

Não creio que aceitemos o que é inexorável de modo imediato. Uma aceitação profunda requer a interiorização e o amadurecimento do sentimento, até que ele se torne uma realidade subjetiva. Mas acredito que o entendimento racional da necessidade de aceitar o que não pode ser transformado ajudará a pessoa a direcionar sua mente para isso.

O problema é que a indignação com a situação em que nos encontramos nos separa de nós mesmos, pois cria uma briga entre "nós" e a experiência que estamos vivendo. Lutar contra o inexorável nos torna reativos a nós mesmos.

Quanto mais reagimos aos nossos conflitos, mais sólidos eles se tornam. Quer dizer, internamente nos dividimos entre o que estamos sentindo e a indignação diante de tal sentimento. Geralmente não percebemos essa disputa interna, mas, enquanto ela ocorrer, irá nos desequilibrar.

Aceitar o inexorável significa permitir-se estar onde se está, ou seja, abrir-se para si mesmo, a fim de reconhecer o que se está sentindo. Essa é a diferença entre ser possuído pela experiência e dominá-la.

Enfim, vamos voltar a falar sobre o ciclo do eixo saudável de estresse...

DR. SERGIO

O que eu compreendi com meus estudos e a experiência prática de consultório é que o eixo de estresse funciona quimicamente da seguinte forma: temos as forças ativadoras – as *catecolaminas* – e as forças restauradoras – as *indolaminas* e o *cortisol*. O processo é, de certa forma, simples de entender, o problema é perceber como, quando e o tempo que dura.

Quando surge um sinal de ameaça e temos a percepção do perigo, mesmo que ele não exista de fato, acionamos o eixo ativador do estresse, que é caracterizado pela liberação das *catecolaminas*. Essas substâncias, como a adrenalina, a noradrenalina e a dopamina, atuam na ativação do sistema nervoso simpático, gerando um estado de atenção e preparação do corpo para a luta ou para a fuga.

Uma vez resolvida a ameaça, o eixo restaurador é acionado pelas *indolaminas* e pelo *cortisol*. As indolaminas são a serotonina e a melatonina, que irão fechar o ciclo, recompondo corpo e mente e permitindo o retorno ao estado neutro – como falamos no início da conversa.

Finalmente, a experiência deve ficar obrigatoriamente gravada no hipocampo – o que é feito pelo cortisol, pela serotonina ou mesmo pela noradrenalina –, para que no futuro possamos tentar evitar esse tipo de ameaça. Teoricamente, a partir desse ponto, deveríamos retornar ao estado de equilíbrio.

Mas, na prática, o que se observa é o acúmulo de ciclos não resolvidos e não elaborados. A elaboração só ocorre quando atingimos o estágio final, que é o do aprendizado. Desse modo, acabamos por viver num estado de estresse crônico. Esse é um ponto-chave que precisamos ter em mente: para nos reequilibrarmos temos de fechar os ciclos.

Bel

Quer dizer, voltar para o ponto de equilíbrio. Creio que isso signifique conseguir fluir mesmo estando momentaneamente em desequilíbrio. Ou seja, passar pelo estresse sem estagnar. Por exemplo, diante de uma situação assustadora podemos sentir o medo, mas, ao mesmo tempo, mobilizarmos nossa coragem para enfrentá-lo. Diante de uma situação de indignação, sentimos raiva, mas não nos deixamos dominar por ela – ou seja, conseguimos manter as rédeas da situação e escolher como reagir a ela.

Dr. Sergio

Você está descrevendo uma mente que possui recursos para sair de situações de estresse. Esses recursos, a meu ver, dependem da capacidade de aprender e introjetar a solução, ou seja, de efetivamente aprender com as experiências. Afinal, o corpo não deixa o ciclo se fechar enquanto isso não ocorrer.

Bel

Sem dúvida, nossos recursos são os conteúdos de nossas experiências assimiladas. Eu diria que esse é o maior patrimônio que uma pessoa pode ter.

Dr. Sergio

É bom, lembrar que os recursos dos quais estamos falando são os "quadrinhos", quer dizer os novos neurônios formados pelo hipocampo, que acrescentamos na nossa história de vida!

Bel

É claro que, quando temos mais memórias de como sair dos conflitos, menos acionamos o ciclo de estresse. Por isso, uma mente equilibrada é resiliente. Cada vez que ela cai, levanta-se mais forte, porque aprende com a experiência.

Assim como já conversamos no capítulo 15, pela descoberta dos neurônios-espelho ficou demonstrado que "espelhamos" mentalmente tudo que assistimos alguém fazer ou sentir. O problema é que, na grande maioria das vezes, falta-nos o modelo de uma mente saudável em que nos espelharmos. Temos, portanto, de buscar esse referencial, com o qual aprender.

Nesse sentido, observar pessoas equilibradas, capazes de gerir situações de conflitos sem se estagnar, não apenas molda a nossa experiência, mas melhora a nossa saúde.

O convívio diário com pessoas "desequilibradas" nos desequilibra, causando um verdadeiro mal ao nosso corpo e à nossa mente. Por isso, não devemos perder a oportunidade de observar pessoas emocionalmente equilibradas. Isso tem um impacto muito positivo sobre nós, causa bem-estar e naturalmente abre novas possibilidades. Não precisamos manter o foco em quem nos faz mal. Mesmo se não pudermos escolher com quem conviver, ainda assim podemos escolher em quem nos espelhar!

Dr. Sergio

Concordo plenamente Bel! Devemos buscar essa fonte de equilíbrio e aprendizado na convivência com pessoas sábias. Isso pode realmente ter um efeito muito positivo sobre nós. Recentemente tomei conhecimento de um trabalho que demonstra que fatos positivos ocorridos em nossa vida aumentam nossa capacidade de resiliência, ou seja de recuperação.

Na verdade, o grande mistério é: até quando nossa mente aguenta um desequilíbrio de neurotrasmissores e hormônios sem manifestar sintomas do tipo depressão e ansiedade?

Podemos dizer que existe uma espécie de "contabilidade" da nossa capacidade de resistir ao estresse crônico, e não ter completado os ciclos de estresse anteriores de maneira satisfatória – que no jargão psicoterapêutico é chamado "não elaborar um problema" – sem dúvida conta como ponto negativo!

BEL

Problemas são algo para o que ainda não temos solução. À medida que vislumbramos as soluções eles obviamente deixam de ser problemas e passam a ser desafios, para a seguir transformarem-se em conquistas!

Falamos há pouco que devemos desenvolver a capacidade de aceitar o que é inexorável. Agora, estamos falando justamente de não cair na armadilha de aceitar o que não deve ser aceito! A questão é que muitas vezes estamos tão identificados com o problema que acreditamos que precisamos *aceitá-lo* e nos adaptamos a ele, em vez de buscar novas soluções.

Aqui há o perigo de confundirmos necessidade de aceitação com impossibilidade de solução. Aceitar não quer dizer resignar-se, mas sim lidar com a realidade tal como ela se apresenta. Quando nos tornamos resignados, desistimos de qualquer chance de solução. Mas quando realmente decidimos *resolver* um problema, aceitamos a situação na qual nos encontramos como um primeiro passo para a mudança.

É curioso, mas, na maioria das vezes, as saídas são mais simples do que imaginávamos. O difícil é nos identificarmos com elas. Bem, vamos voltar ao esquema didático.

DR. SERGIO

As forças ativadoras – as *catecolaminas* – e as forças restauradoras – as *indolaminas* – inter-relacionam-se. As primeiras provocam o desencadeamento das outras. Por exemplo, após um susto, o coração não pode continuar acelerado indefinidamente. Assim, as catecolaminas provocam o aparecimento das indolaminas, sendo a noradrenalina a principal responsável por essa conexão.

As catecolaminas têm propriedades diferentes, por exemplo: a *noradrenalina* nos dá capacidade de concentração, e a *dopamina* nos dá capacidade de focar a atenção nas alterações ambientais, ajudando-nos a localizar os possíveis perigos externos. Esse processo está associado ao despertar da atenção, em situações tanto de perigo como de prazer.

Já a *adrenalina* age principalmente no sistema circulatório e no coração.

Quando a dopamina está em excesso, ela pode nos levar a interpretar um fato simples como uma grande ameaça, gerando um estado de paranoia e persecutoriedade. Isso acontece com pessoas que usam drogas como a cocaína.

BEL

Você quer dizer que a dopamina alta gera um estado de hipervigilância que nos impede de fechar nossos ciclos de estresse?

Dr. Sergio

Justamente. Vou explicar melhor: quando uma pessoa está constantemente atenta aos perigos externos, o seu organismo libera, tanto por via cerebral quanto por via suprarrenal, grandes quantidades de neurotransmissores catecolaminérgicos para se adaptar ao estresse. Entre eles temos a noradrenalina, que aumentará sua motivação para atacar ou fugir, e a dopamina, que a deixará mais vigilante e desconfiada.

Bel

Ou seja, enquanto os seus níveis de noradrenalina e dopamina não diminuírem, não será possível gerar a sensação de conclusão necessária para fechar o ciclo de estresse.

Dr. Sergio

Correto. Veja bem, quando uma pessoa equilibrada sofre um grande susto passageiro, ela libera noradrenalina e adrenalina, principalmente pela via suprarrenal. Nesse caso, a tentativa do corpo se preparar para a luta ou para a fuga será predominantemente periférica: aumento da frequência cardíaca, sudorese e aumento da frequência respiratória. Uma vez passado o susto, ela recuperará sua atitude costumeira. Mas se ela já sofrer de um desequilíbrio bioquímico, irá precisar do auxílio da medicação para se recuperar.

Bel

O ponto é conseguir a sensação de ter *resolvido* o problema, seja ele qual for, pequeno ou grande...

Dr. Sergio

Para o nosso organismo manter um equilíbrio, o certo é resolver os problemas quando eles surgem. Por exemplo: se estou com fome, preparo uma comida. Comi? Pronto, encerrou; não vou mais pensar em comida. Resolvi o problema. Sou feliz porque comi. Isso é o básico. Seria teoricamente isso... A meu ver, este é o ideal de vida: não acumular problemas.

Capítulo 20
Fugir ou contra-atacar?

Bel

Quando estamos diante de um problema, sabemos que de nada adianta negá-lo ou simplesmente aguardar que ele desapareça por si mesmo. Tampouco ajuda encontrar um bode expiatório e ficar reclamando dele. Já sabemos disso tudo. Mas, na maioria das vezes, gastamos mais tempo e energia tentando fugir do problema do que, de fato, gastaríamos para enfrentá-lo.

Quando, em vez de continuar correndo de um problema que nos persegue, conseguimos, de repente, nos virar em sua direção para contra-atacá-lo, literalmente, mudamos o curso de nossas vidas. Essa é a grande virada! Como diz o velho ditado, tem o dia da caça e o dia do caçador. Conseguir encarar o problema de frente é tornar-se caçador. Os problemas são complexos, assim como nós mesmos. Se não soubermos simplificá-los, permaneceremos atolados neles. Aquele que pratica constantemente o autoconhecimento sabe avaliar tanto suas falhas quanto seus dons e, por isso, demora menos tempo para localizar a raiz de seus problemas. Mas, ainda assim, é pego pela ignorância! Porém, não de surpresa...

Creio que seja natural ter uma visão parcial dos problemas e de nós mesmos. Afinal, estamos em contínua percepção dos fatos.

Quem conhece seus limites de percepção sabe reconhecer, pelo menos até certo ponto, sua tendência a negar a existência do problema ou até mesmo a percebê-lo de modo distorcido. Algumas vezes esses limites são físicos, biológicos. Podemos perder a clareza para avaliar um problema ou exagerá-lo simplesmente porque estamos com sono ou fome. Não devemos confundir uma limitação física ou uma fragilidade passageira com incapacidade ou impossibilidade. O mesmo ocorre com mulheres que sofrem de TPM (tensão pré menstrual).

É preciso reconhecer a diferença entre um desequilíbrio emocional causado por influência hormonal e aquele oriundo da baixa autoestima. Pessoas com autoestima diminuída irão sentir-se bem ou mal conforme forem avaliadas pelos outros, e as que têm boa autoestima saberão se autoavaliar. Elas confiam em seu potencial, mesmo quando não podem acessá-lo!

Para chegar a essa condição, temos de treinar. Quando estamos conscientes de nossa vulnerabilidade, podemos nos conduzir com mais cuidado e atenção. Nessas horas, costumo dizer: "Não me dou alta para agir neste momento. Preciso de mais recursos. Não é hora de ser espontânea...". Assim como costuma dizer Lama Michel Rinpoche: "Problemas existem e sempre vão existir". A questão é aceitar e mobilizar ajuda e novos recursos para enfrentá-los. Em seu livro *Coragem para seguir em frente*,[16] ele esclarece: "Aceitar uma situação não significa submeter-se a ela, deixando que passe por cima de nós como um rolo compressor, enquanto dizemos 'Ok, eu me entrego'. Aceitar não quer dizer abrir mão ou desistir de algo".

Lama Michel, afirma que *aceitar* é criar espaço. Ele diz que, diante de uma situação contra a qual não podemos fazer nada, devemos nos distanciar dela até poder enxergá-la sob outro ponto de vista. Assim, cria-se espaço para uma nova solução surgir.

---

[16] Lama Michel Rinpoche, *op. cit.*, p. 50.

Capítulo 21
O ciclo do eixo de estresse crônico

Dr. Sergio

Gosto de lembrar que vivemos apenas 1% da história da humanidade no período chamado de civilização, de modo que nossos mecanismos internos de resposta ao estresse foram desenvolvidos para um tipo de tarefas diferente daquelas que executamos hoje.

O estresse é um elemento "perturbador" da ordem interna via ativação do eixo hipotálamo-pituitária-adrenal – conhecido por HPA –, um dos principais mecanismos que sinalizam ao corpo e à mente os perigos do meio externo. Esse mecanismo é responsável por aumentar as chances de sobrevivência em um ambiente hostil comunicando ao corpo a necessidade de liberação do cortisol.

Bel

Você quer dizer que o estresse é uma resposta normal a circunstâncias anormais?

Dr. Sergio

Sim, esse eixo de estresse funciona melhor para estresse agudo ou pontual, mas atualmente as pessoas estão vivendo em situações de estresse crônico ou prolongado.

O HPA inicia sua atividade no hipotálamo, que é ativado com a percepção de situações de perigo. Ele transmite essas mensagens recebidas de áreas superiores do cérebro para a hipófise, por meio da liberação de um hormônio chamado CRH (hormônio liberador das corticotrofinas). Esse hormônio estimula a hipófise, ainda no cérebro, a liberar o ACTH (hormônio adrenocorticotrófico) que, por sua vez, estimula o córtex da glândula suprarrenal, localizada acima dos rins, a proceder com a liberação do cortisol que atualmente é o mais reconhecido hormônio do estresse.

A questão é que a quantidade de cortisol deve ser adequada para a situação: nem muito, nem pouco. Quando isso não acontece, aparecem os sintomas!

Existem muitos modos de controle do cortisol pelo organismo, mas os elementos que participam desse controle podem entrar em sobrecarga e falência de funcionamento, de modo que fica, a partir daí, bastante difícil recuperar a normalidade sem um tratamento complexo.

BEL

Em outras palavras, se sobrecarregamos o eixo HPA com o estresse crônico, ele deixa de responder e nos desequilibramos emocionalmente. Ou seja, nosso corpo tem um limite de tolerância ao estresse que quando ultrapassado pode ser perigoso para nossa saúde mental?

DR. SERGIO

Infelizmente, a resposta é sim. Outro dia, os médicos que trabalham no hospital onde eu presto serviço ficaram chocados com o fato de um paciente com histórico absolutamente normal ter entrado em surto psicótico após sofrer um episódio de violência.

A verdade é que todos nós temos um limite de tolerância ao estresse, e situações de descompensação podem acontecer tanto no estresse crônico, ou prolongado, como no de forte intensidade.

Veja bem, mesmo esse estresse que consideramos "normal" pode, a longo prazo, causar sérios prejuízos à saúde. O cortisol, a adrenalina e a noradrenalina, liberados pela suprarrenal nos picos de estresse, podem atingir níveis perigosos e prejudicar as funções orgânicas e cerebrais. O enfarte agudo do miocárdio pode ser, por exemplo, uma consequência imediata do prejuízo causado nas funções orgânicas. Assim como, uma vez que o cortisol age diretamente no equilíbrio entre os neurotransmissores, se os níveis de serotonina ficarem muito baixos e os de dopamina excessivamente altos, a psicose pode ser uma consequência do desequilíbrio das funções cerebrais causado pelo estresse. Basta observar como alguns soldados que viveram fortes situações de combate terminam por desenvolver um quadro bastante incapacitante de estresse pós-traumático.

O que acontece é que choques repetidos de estresse ou um episódio traumático de forte intensidade podem destruir a capacidade de autorregulação do eixo HPA.

No caso de um evento traumático (grave risco de vida, por exemplo), o eixo de estresse pode parar de responder. A partir desse momento, a pessoa perde a capacidade de se adaptar até a situações normais do dia a dia. No caso dos choques repetidos, o eixo pode entrar numa espécie de resposta contínua, o que significa um estado de alerta permanente e incapacidade de descansar e recuperar-se. Em ambos os casos, ocorre uma resposta anormal em termos de hormônios de estresse e de neurotransmissores, incapacitando o indivíduo para a vida normal.

BEL

Alguns dos sintomas do estresse crônico são: dor de cabeça, mãos úmidas, sensação de aperto no estômago, músculos tensos, falta de ar, insônia ou excesso de sono, instabilidade emocional, irritabilidade, pessimismo, esquecimento, falta de concentração, falta de interesse generalizado, assim como baixa capacidade de racionalizar.

Esses sintomas geralmente não são considerados alarmantes, porque, de alguma forma, passaram a ser vistos como *normais* na vida urbana. Por isso, a maioria das pessoas demora a buscar ajuda. Em que momento você diria que uma pessoa deveria procurar um médico para tratar esses sintomas?

Dr. Sergio

Na verdade, eu diria que uma pessoa que apresenta os sintomas que você descreveu já está com um sério desequilíbrio relacionado ao estresse crônico. Ela já se encontra em um estado de ansiedade ou depressão causado por ele.

As coisas acontecem, na maioria das vezes, de forma silenciosa (a não ser que o estresse seja muito forte), e o aumento insidioso do cortisol nem é percebido pelo paciente.

Os sintomas que você descreveu já podem ser o resultado de alterações hormonais múltiplas, diminuição de serotonina no nível do cérebro, desgaste do hipocampo, alterações metabólicas no nível de regulação energética do organismo. Nessa altura, a pessoa já deveria ter procurado ajuda, mas, obviamente, é muito difícil detectar o momento ideal para isso, a ponto de evitar sequelas.

O equilíbrio emocional e físico deve ser buscado no dia a dia; se não o encontramos, devemos procurar ajuda o mais breve possível.

Acredito muito em ações preventivas, como procurar ter uma boa qualidade de vida, preservando os períodos de descanso, diversificando atividades físicas e intelectuais e mantendo uma alimentação balanceada.

Bel

Quais são os critérios para um diagnóstico de estresse crônico?

Dr. Sergio

Esse é um diagnóstico objetivamente difícil de ser feito, porque precisaríamos de uma boa avaliação dos níveis de cortisol produzidos pela glândula suprarrenal.

O cortisol tem um ritmo de liberação próprio, cujo pico é às 8h, e o vale, às 23h. Portanto, precisamos de várias dosagens: a salivar, às 8h, 16h e 23h, fornece o ritmo, já o volume total de cortisol produzido durante o dia pode ser avaliado por sua dosagem na urina, colhida durante as 24 horas do dia. Ritmos alterados, bem como valores mais altos ou mais baixos, podem indicar que algo realmente não vai bem com o eixo de estresse.

Capítulo 22
Para onde estamos caminhando com o estresse crônico?

Segundo dados da OMS (Organização Mundial de Saúde), no ano de 2020 a depressão será a principal causa de incapacidade em todo o mundo, só superada pelas doenças cardiovasculares.[17]

Estima-se que 121 milhões de pessoas ao redor do mundo estejam, neste momento, deprimidas. A depressão, mais do que mal-estar, causa também mortes. A OMS calcula que 10% a 15% dos deprimidos tentam suicídio. Do total de 1 milhão de pessoas que se matam anualmente, 60% delas são portadoras de depressão ou esquizofrenia.

BEL
Dr. Sergio, o que você acha dessa previsão?

DR. SERGIO
Isso é praticamente um fato. Estamos caminhando para uma grande "praga afetiva".

A epidemia de estados depressivos que vemos hoje em dia é uma consequência da falta de adaptação dos mecanismos de estresse às necessidades da vida atual.

Hoje vivemos uma situação de perda de identidade cultural, causada pela globalização. Para nos sentirmos protegidos, precisamos do senso de acolhimento dado pela cultura. A partir do momento que essa referência se dilui e o que passa a valer é o esforço individual, a tendência é vivermos uma sobrecarga em nosso eixo de estresse, cuja consequência é o aumento considerável das alterações de humor.

O homem passou a viver mais, e isso por si só já é um desafio. Veja bem, a capacidade de adaptação feita pelo eixo HPA (hipotálamo-pituitária-adrenal) está diretamente relacionada ao efeito dos inúmeros choques causados pelas ameaças e acumulado durante a vida. Quanto mais velhos ficamos,

---
[17] Saiba mais: http://www.who.int/mental_health/management/depression/definition/en.

maior a sobrecarga acumulada, portanto, menor será a nossa capacidade de adaptação ao estresse.

O estresse crônico ativa exageradamente o hipocampo, que, por sua vez, sofre atrofia por hiperestimulação, causada pelo excesso de liberação de cortisol. Quanto menos conexões houver entre os neurônios do hipocampo, menos consciência e, portanto, menos capacidade de solucionar os problemas do dia a dia. Esse estado, por si só, aumenta o volume de cortisol liberado e sobrecarrega o hipocampo.

Por isso, quanto mais vivermos, mais chances teremos de acabar num processo de demência, que é a falência total do hipocampo. Porém, antes disso, iremos sofrer de sintomas depressivos causados pela alteração dos neurotransmissores, como resultado paralelo do acúmulo de cortisol. No nosso dia a dia, períodos de insegurança vão causando pequenos picos de cortisol, que, ao longo dos anos, acumula-se, levando ao esgotamento da capacidade de readaptação. O homem como ser consciente tem uma grande vantagem adaptativa, mas sofre com a percepção exagerada das armadilhas que a própria existência cria.

BEL

É interessante pensar que, na realidade, estamos sofrendo por superestimar as nossas capacidades. Ou seja, imaginamos aguentar um estresse que, na realidade, não podemos suportar. E, ao tentarmos ultrapassar os limites do que é *humanamente* possível, caímos numa sensação crônica de inadequação e insuficiência.

DR. SERGIO

Exatamente. E, como já conversamos, o estresse crônico nada mais é do que essa sensação básica de inadequação e insuficiência, que leva o sujeito a estar em constante estado de alerta e defesa diante de solicitações e exigências que ele não tem reais condições de atender.

BEL

A demanda de nossa sociedade é tão grande que perdemos os referenciais internos. Escolhemos o que a sociedade determina, em vez de escolhermos a nós mesmos. O mundo quer sempre algo de nós, e precisamos saber parar e perguntar: O que eu quero de mim neste momento?

Se a sociedade está vivendo sob a perspectiva de que os recursos humanos e ambientais são ilimitados, ainda assim podemos usar o nosso referencial interno e aprender a nos preservar. Reconhecer nossos limites é sinal de sabedoria, não de inferioridade...

Mas enquanto a sociedade como um todo não reconhecer os seus limites, continuaremos vivendo sob a cultura do estresse, na qual é preciso lutar e defender-se o tempo todo! E corremos o risco de ser excluídos se não acompanharmos esse ritmo imposto.

Dr. Sergio

Sem dúvida, esses são os parâmetros da cultura ocidental. A mídia nos leva a essa percepção, e ao mesmo tempo nos conduz à frustração de não vivermos como nos filmes de Hollywood.

Bel

E acho que isso tem relação direta com o fato de, em nossa sociedade, termos o péssimo hábito de ver o outro como inimigo, oponente. Aprendemos que precisamos ser mais fortes que o outro, ou seja, enfraquecê-lo. Não cultivamos o sentimento de força coletiva. Ao contrário, valorizamos a autonomia como uma garantia de bem-estar e liberdade. Com isso, esquecemos princípios simples e básicos, como o da abundância, que diz que ajudando o outro a enriquecer, todos se beneficiam.

O Budismo propõe um modo de vida no qual você busca *interagir* com as situações, com as pessoas e com o meio ambiente, em vez de se *defender* ou lutar contra eles. Na medida em que desenvolvemos a consciência de fazer parte da mesma rede interdependente, interiorizamos a experiência de que compartilhar é possível.

Dr. Sergio

Na verdade, o ser humano traz essa ancestralidade de pertencer a um grupo e de estar adequado a ele. Ou seja, nos sentimos mais seguros com relação aos predadores quando pertencemos a um bando coeso.

Quando estamos isolados, entramos em situação de risco, acionando nosso eixo de estresse. Por isso, o maior castigo que se pode dar a uma pessoa é o isolamento social. Por outro lado, temos a questão dos conflitos internos ao próprio grupo social, que muitas vezes tornam indivíduos da mesma espécie verdadeiros inimigos – principalmente agora, que os predadores de outras espécies desapareceram.

Temos todo um sistema para reconhecer nossos aliados, baseado em um hormônio que recentemente começou a ser bastante estudado: a ocitocina. Esse é um hormônio liberado pela neuro-hipófise e produzido pelos neurônios hipotalâmicos, mediante a ativação do córtex insular e cingular anterior e do núcleo paraventricular.

Inicialmente as ações da ocitocina foram observadas como estimulantes da contração da musculatura uterina, durante o trabalho de parto, e dos dutos galactóforos, durante a amamentação. Recentemente, uma importante ação dessa substância no nível de sistema nervoso central começou a ser demonstrada.

A oxitocina é um dos principais hormônios envolvidos nos relacionamentos humanos, sendo um facilitador das relações pessoais.

Quando uma criança nasce, os pais liberam grandes quantidades de oxitocina, marcando esse relacionamento como de fundamental importância e de muita confiança. Isso faz que eles passem a ser envolvidos por uma forte carga emocional.

Ao longo da vida, criamos esses laços, que têm por base a liberação da oxitocina como elemento de geração e manutenção da confiança entre os indivíduos, sejam casais, familiares ou amigos.[18]

O mais interessante é que a oxitocina age em boa parte do organismo. Num trabalho científico realizado com 37 casais, demonstrou-se que aqueles com maior liberação de oxitocina durante o relacionamento eram capazes de se curar mais rapidamente de feridas provocadas pelos pesquisadores.[19]

Possivelmente, isso pode ser explicado pela ação calmante da oxitocina na amígdala no sistema nervoso central (SNC), inibindo a liberação do cortisol provocada pela simples visão de feições hostis ou estranhas aos nossos relacionamentos. De fato, trabalhos que demonstram a maior longevidade das pessoas que têm bons relacionamentos não faltam na literatura, ganhando frequentemente destaque na mídia.

Bel

Então, o que estamos falando é sobre a importância de sentir-se acolhido, pertencente a um grupo, quer dizer, de manter relacionamentos baseados na confiança. Mas sabemos que não é nada fácil soltar-se nos braços alheios...

Dr. Sergio

Eu costumo dizer para meus pacientes: nós vivemos numa sociedade que não tem regras claras. As regras de sobrevivência ficaram complexas. A velocidade da comunicação entre as pessoas aumentou muito, tudo acontece rápido, são diversos estímulos, então você precisa estar em alerta total, focado para perceber as nuances. Por isso, facilmente descompensamos e entramos num estado de alarme, de crise.

Bel

Por isso Lama Gangchen Rinpoche nos fala do quanto é preciosa a sensação de proximidade em todos os relacionamentos, sejam eles entre médico e paciente, pais e filhos, irmãos, amigos ou instituições, e nos diferentes povos.

---

[18] Saiba mais: http://pesquisa.bvsalud.org/regional/resources/mdl-19934046.
[19] Saiba mais: http://pesquisa.bvsalud.org/regional/resources/mdl-20144509.

Ele ressalta que se sentir próximo não quer dizer se sentir íntimo. Mas ser tocado pela existência do outro. Dessa forma, naturalmente teremos empatia por ele e disponibilidade para ajudá-lo. Aquele que cultiva esse tipo de proximidade não sente solidão.

Outro ponto interessante é observar como muitas vezes, quando estamos sentindo solidão, buscamos instintivamente o contato com a natureza para nos consolar. Lama Gangchen enfatiza que esse sentimento de proximidade com a natureza está estreitamente vinculado à nossa capacidade de envolvimento afetivo. Aliás, ele diz que há uma conexão direta entre nosso atual distanciamento da natureza, morando nas cidades, e o aumento dos conflitos afetivos.

Nesse sentido, se quisermos melhorar nossos relacionamentos, precisaremos dedicar mais tempo ao contato direto com o vento, o fogo, a terra, a água e o espaço. Estar em lugares abertos, apreciar a vista do horizonte em alto-mar ou do topo de uma montanha são experiências que, quando vivenciadas, se tornam tesouros na memória de nosso coração.

Quanto mais próximos nos sentirmos da natureza, mais respeito e amor teremos por ela. Quando mais próximos nos sentirmos uns dos outros, mais alegria e gratidão teremos por estarmos vivos, em união.

Capítulo 23
Respeite seus limites de crescimento

Bel

"Respeite seus limites de crescimento", disse um treinador de cavalos para minha filha – então com seis anos –, quando ela reclamou que queria ter pernas mais compridas para poder colocar os pés nos estribos, como os adultos. Essa frase sempre me volta à mente quando sinto a mesma ansiedade por querer estar pronta de imediato para situações que ainda não estão maduras.

Afinal, o que nos faz ter tanta pressa, se a vida está sempre em movimento? Creio que são nossos próprios conceitos a respeito de como as coisas deveriam ser para que possamos ser quem realmente gostaríamos de ser... Corremos atrás de nós mesmos!

Como resultado de uma somatória de pequenas e grandes expectativas, acabamos por idealizar o futuro, sem perceber que estamos nos distanciando da realidade presente. É verdade que se o futuro não for um lugar onde tudo é possível, talvez não tenhamos inspiração suficiente para transformar a realidade. Mas, se não soubermos nos encantar com o presente, nossa vida não passará de um mar de promessas sem possibilidade de uma verdadeira realização interior. Sonhar é bom, mas viver tem de ser melhor! A realidade imediata é a única coisa que temos em nossas mãos! Mas se ela for demasiadamente incompatível com o futuro almejado, é possível que desanimemos, uma vez que não nos sentimos mobilizados pelo cotidiano. Desanimados, ficamos "para baixo", sem preparo para encarar os desafios que surgem!

Em geral, sentimo-nos pressionados pela nossa própria expectativa dos acontecimentos. Ficamos tensos e nos criticamos por não viver de acordo com os resultados esperados. Todos os "eu *deveria*" ressoam em nosso interior, impedindo a sintonia com nosso ritmo interno.

Nesse momento, temos de nos distanciar, ainda que por alguns instantes, dos nossos julgamentos e expectativas, e aprender a aceitar nossos limites e os alheios. Ninguém poderá atender às nossas expectativas se não formos capazes de identificá-las!

Ao querer mais do que de fato podemos ter ou fazer, nos sentimos necessariamente diminuídos, tentando ocupar um espaço maior do que o nosso tamanho. Somos expelidos da realidade, e lançados em um espaço que não somos capazes de ocupar. É como querer correr com um sapato dois números maior que nossos pés: mais cedo ou mais tarde vamos tropeçar e cair...

Quando não incluímos nossos limites no cenário da nossa vida, desconsideramos os sentimentos de acolhimento e pertencimento, tão importantes para que estejamos inteiros nas situações.

Ao contrário, quando levamos em conta nossas faltas e necessidades, começamos a relaxar. Afinal, como não precisamos mais nos esticar, cabemos confortavelmente em nós mesmos. Dessa forma, superamos o hábito de nos comparar com os outros, com quem fomos no passado ou até mesmo com nossa imagem que idealizamos para o futuro. Como é bom poder sentir que estamos de acordo com nosso próprio tamanho! Finalmente, estamos completos, como diz Fernando Pessoa no poema:

> Para ser grande, sê inteiro: nada
> Teu exagera ou exclui.
> Sê todo em cada coisa. Põe quanto és
> No mínimo que fazes.
> Assim como em cada lago a lua toda
> Brilha, porque alta vive.

Fernando Pessoa (Ricardo Reis)

Capítulo 24

A interpendência entre mente, corpo e meio ambiente

Com Lama Michel Rinpoche

BEL

Lama Michel, falando de modo sucinto, o Dr. Sergio e eu temos conversado em nossos encontros basicamente sobre as necessidades do corpo e da mente para encontrar equilíbrio. Concluímos que a comunicação mente-corpo é uma via de mão dupla – estados mentais influenciam o corpo, assim como nossa bioquímica influencia a mente.

Costumamos comparar a união do tratamento psiquiátrico com o psicoterapêutico a um carro e seu motorista. O carro é o corpo, e o motorista é a mente. O motorista pode saber para onde quer ir e dirigir muito bem, mas se o carro estiver com problemas mecânicos ou sem gasolina, não chegará a lugar nenhum. Assim como o carro pode ser uma Ferrari, mas, se o motorista não souber para onde quer ir ou se não souber dirigir, de nada adiantará.

LAMA MICHEL RINPOCHE

A relação entre mente e corpo é exemplificada no Budismo por um cavaleiro coxo que está montado sobre um cavalo cego. A mente precisa do corpo para se mover, e o corpo não vai a lugar nenhum se não houver uma mente montada sobre ele...

O estado mental é muito importante. Por melhores que sejam as condições externas nas quais uma pessoa vive, se a mente não estiver equilibrada, ela não irá conseguir aproveitá-las. Ao passo que, se a mente estiver bem, a pessoa consegue se manter equilibrada mesmo em situações muito difíceis ou desfavoráveis.

DR. SERGIO

Sem dúvida, esse é um ponto importantíssimo, principalmente no que se refere às situações relacionadas ao estresse.

LAMA MICHEL RINPOCHE

Eu sempre achei que o estresse não ocorre por causa do cansaço físico em si, ou seja, as pessoas não ficam estressadas por estarem trabalhando muito, mas por causa das preocupações envolvidas no que fazem, e pela necessidade de lidar com atitudes como ciúme ou inveja, que, muitas vezes, ocorrem no ambiente de trabalho.

BEL

Dr. Sergio, quem não conhece o dia a dia do Lama Michel pode pensar que ele leva uma vida tranquila, meditando... Mas não é bem assim. Além das práticas de meditação, ele tem uma vida bem sobrecarregada... é muito requisitado, viaja muito, dorme pouco, come tarde e enfrenta um monte de desafios...

LAMA MICHEL RINPOCHE

Certo. Mas, por outro lado, é muito raro eu me sentir estressado.

DR. SERGIO

O estresse está associado ao risco da integridade do indivíduo. Por que, o que é, na verdade, o estresse? É a sensação de *ligar a defesa*.

Portanto, o que desencadeia o estresse de fato não é o excesso de trabalho ou de responsabilidades, mas sim a sensação de insegurança – seja quanto à sobrevivência, quanto ao funcionamento do corpo ou à capacidade de prever riscos e compensar frustrações. Acho que, no caso do Lama Michel, é sua confiança e fé que o impedem de se estressar, propriamente falando.

Como já vimos, as pesquisas em animais e humanos demonstram que o estresse corresponde ao aumento dos níveis de cortisol. Estar atribulado, correndo de um lado para o outro, cumprindo horários, por si só, não aumenta o nível de cortisol; portanto, isso não é estresse, quimicamente falando.

LAMA MICHEL RINPOCHE

É exatamente como eu pensava. O estresse está associado às atitudes de ciúme, inveja, raiva, apego, e assim por diante.

DR. SERGIO

É o medo de que tudo possa dar errado em um determinado momento que causa a sensação de estresse.

BEL

Então a mente tem prevalência sobre o corpo, certo?

Lama Michel Rinpoche

Sim, mas o importante é encontrar e manter a harmonia entre a mente, o corpo e o ambiente. A mente equilibrada é capaz de harmonizar o corpo e o ambiente. Mas vivemos de modo inverso a isso, o corpo e o ambiente dominam a mente. Assim, passamos a ser o resultado do que ocorre com o nosso corpo e com o meio ambiente e nossa mente apenas reflete esse estado de coisas. Se o ambiente está poluído ou o corpo doente, a mente sofre essas influências. Para a mente influenciar o corpo e o ambiente, é preciso ter consciência. Essa é a nossa verdadeira liberdade. O nosso livre-arbítrio.

Bel

Em outras palavras, quando perdemos a consciência de como estamos levando a nossa vida, perdemos a liberdade de direcioná-la. Mas podemos dizer, voltando ao exemplo do carro e do motorista, que mesmo dirigindo um carro com problemas podemos saber para onde estamos indo.

Lama Michel Rinpoche

É importante compreender a interação da mente, do corpo e do ambiente num nível sutil. Vou explicar melhor.

O Budismo possui diferentes níveis de ensinamentos. No Vajrayana, pratica-se esse equilíbrio entre a mente, o corpo e o ambiente. Segundo a escola Vajrayana, nós temos três níveis de corpo e mente que se relacionam entre si. Temos um corpo e uma mente *grosseiros*, um corpo e uma mente *sutis* e um corpo e uma mente *muito sutis*.

A mente *grosseira* refere-se às nossas emoções manifestas, ou seja, as emoções que vêm à tona, sejam elas positivas ou não – como a raiva e o amor. Já a mente *sutil* refere-se a essas emoções em seu estado latente, não manifesto. Por exemplo, eu posso dizer agora que não *estou* com raiva, mas isso não quer dizer que eu não *tenha* raiva.

Bel

Do mesmo modo, podemos dizer que, quando sentimos ódio, o nosso amor está latente. Muitas vezes, podemos pensar que, ao sentir raiva de alguém, *acabamos* com o nosso amor pela pessoa... como se a raiva *secasse* o nosso potencial de amar. Mas, ao compreender a mente sutil, vemos que não é assim.

Lama Michel Rinpoche

Sim, é verdade. Então, isso faz parte da mente *sutil*. A mente *grosseira*, por sua vez, depende do corpo *grosseiro*, do cérebro e toda sua química para se manifestar. Depende dos cinco sentidos.

O corpo influencia a mente, e a mente influencia o corpo. Desse modo, se o corpo não estiver equilibrado, será como um cavalo doente que não pode andar, e assim o cavaleiro tampouco terá como ir adiante. Mas se o cavaleiro estiver doente, incapacitado de conduzir o cavalo, este também não terá condições de seguir em frente, por mais que o caminho esteja aberto.

Algumas meditações do Vajrayana forçam o cavalo a ir numa certa direção, para que o cavaleiro também vá por aquele caminho.

Isso é semelhante ao uso dos remédios psiquiátricos: por meio da química, leva-se o corpo (o cavalo) a tomar uma direção, de modo que a mente (o cavaleiro) também possa seguir adiante. Porém, o objetivo é fazer que o cavaleiro *veja* que existe esse caminho e que depois continue seguindo por ele sem que o cavalo precise ser "forçado" a isso.

Dr. Sergio, pela sua experiência, quando durante certo período se leva uma pessoa a obter um estado de equilíbrio mental por meio de medicamentos, ao parar o tratamento, ela é capaz de manter esse equilíbrio ou volta a ser como antes? Ou seja, mediante uma ação direta apenas no corpo é possível eliminar hábitos mentais?

Dr. Sergio

Não, o medicamento não tem esse poder, mas pode ajudar. Os pacientes que apresentam desequilíbrios causados por situações pontuais de estresse podem se beneficiar do tratamento, ficando, na prática, livres dos medicamentos em um prazo que, em geral, é de no mínimo seis meses. É como se o tratamento ajudasse na elaboração ou resolução do problema que causou o desequilíbrio. Já para aqueles pacientes que vivem prisioneiros de situações de vida estressantes (maus casamentos, problemas financeiros etc.), os medicamentos ajudam, mas podem se tornar permanentes se não houver a resolução da questão. O grande desafio para os profissionais que cuidam desses pacientes é saber se o desequilíbrio químico causa o problema, ou se é o contrário. O ideal é, sem dúvida, você trabalhar os dois, a mente e o corpo.

O extremo avanço do campo da psicofarmacologia permitiu que nos últimos anos fossem lançados vários tipos de antidepressivos com mecanismos de ação diversos. Somos sem duvida a sociedade mais medicada de todos os tempos! Mas ainda é cedo para dizer qual será o impacto disso no ser humano de maneira geral, uma vez que essa situação é ainda muito recente em termos de história da humanidade.

Bel

É fascinante o conhecimento que a ciência moderna nos proporciona sobre o funcionamento químico do cérebro, mas, paralelamente, precisamos adquirir mais conhecimento e controle sobre nosso mundo interior. Se, por um lado, hoje podemos contar com a ajuda de medicamentos, antidepressivos e estabilizadores de humor para encontrar equilíbrio físico e emocional, por outro, temos de saber como aproveitar esse bem-estar para nos desenvolver interiormente.

Os remédios psiquiátricos devem estar a serviço do autoconhecimento, caso contrário serão um modo de camuflar nossos conflitos interiores que irão crescer no *escuro*, vindo à tona com mais intensidade mais cedo ou mais tarde.

Todos nós sabemos que não existe a pílula da felicidade! Mas temos de nos atualizar sobre os benefícios de uma medicação bem administrada, pois otimizar nosso funcionamento neurofisiológico é tão necessário como cuidar da saúde de nosso coração.

Um bom equilíbrio neuroquímico, associado ao contínuo treino para discernir os comportamentos construtivos dos destrutivos, assim como perceber tanto nossos limites como os recursos existentes diante de cada situação, nos proporciona força vital, motivação e sabedoria para seguir em frente.

À medida que exploramos sentimentos positivos, aprendemos a acessá-los e a nos familiarizar com o bem-estar. Como disse certa vez Guelek Rinpoche: "É preciso ter experiências positivas para querer repeti-las". Mas, para tanto, é preciso reconhecer o que é positivo.

Lama Michel Rinpoche

Houve um grande mestre no Tibete chamado Gueshe Chekawa, que disse: "A mente é cheia de defeitos, mas ela tem uma grande qualidade: aquilo que você ensina, ela segue". Por isso é muito importante usar essa qualidade da mente de forma positiva. Ou seja, para cuidar bem de nossa mente e gerar emoções positivas, podemos ensiná-la a ter atitudes de não estresse diante de situações estressantes. Educar-nos emocionalmente. Isso é possível, mas requer tempo e constância.

Para tanto, precisamos ter claro onde queremos chegar. Qual é o estado mental e emocional que eu quero ter em minha mente? O que é saúde interior para mim? Uma vez que tenho essa clareza, vou então encontrar os caminhos que me levam a esse estado.

Existem vários métodos para percorrer esse caminho. O importante é nunca esquecer para onde estamos indo e sempre checar como estamos evoluindo, se o método que escolhemos está funcionando bem ou não. Se esquecemos de nosso destino, podemos no meio do caminho encontrar outros atrativos, nos distrair e nos perder.

Todos os dias estamos familiarizando nossa mente com algo. É importante lembrar-se disso. Porque é na consciência desse processo que está o nosso poder de transformação.

Capítulo 25
Como tratar a dor emocional

Com Lama Michel Rinpoche

LAMA MICHEL RINPOCHE

Qual é o remédio mais usado no mundo, em termos de tratamento para problemas ligados à mente?

DR. SERGIO

São os antidepressivos, que promovem o aumento da serotonina. Ela é um "fechador" de ciclos de estresse.

LAMA MICHEL RINPOCHE

Agora a pergunta é: o remédio fecha realmente o ciclo ou apenas faz parecer que ele foi fechado, uma vez que promove quimicamente um certo bem-estar?

DR. SERGIO

Essa é uma grande polêmica, na qual a psicanálise, inclusive, já entrou há muito tempo. Dependendo da intensidade do trauma, existem ciclos que o indivíduo não consegue fechar sozinho, de um modo natural. Eles precisam ser fechados artificialmente, com ajuda da química. Em geral, quando a pessoa procura ajuda, não está conseguindo fechar o ciclo.

LAMA MICHEL RINPOCHE

Mas se a pessoa usa a química para fechar um ciclo emocional sem se conscientizar sobre ele, o que acontece?

DR. SERGIO

Os trabalhos científicos demonstram que tanto a psicoterapia quanto as medicações podem ser muito úteis e, quando combinadas, o resultado é ainda melhor.

Precisamos antes entender que não há nada que prove que corrigir um estado emocional unicamente por meio de tratamentos químicos seria necessariamente ineficaz. Essa ideia vem principalmente da psicanálise, que dá importância fundamental à elaboração de toda e qualquer dor psíquica.

Existem fatores que levam a pessoa a um estresse que não pode ser resolvido. Por exemplo, a pobreza leva a um estresse crônico, independentemente de fatores inconscientes.

BEL

Essa questão é mais profunda. A psicanálise é um sistema de entendimento infinitamente complexo que pessoalmente não domino. De qualquer forma, a importância de buscar um equilíbrio bioquímico é indiscutível. O bom funcionamento psíquico depende de um bom funcionamento neuronal. Aliás, foi conhecendo o seu trabalho, dr. Sergio, que compreendi *por que* esse equilíbrio é o caminho para a saúde física e mental. Mas, quando digo que essa questão é mais profunda, é porque acredito que o tratamento psicoterapêutico vai além de técnicas que visam uma elaboração psicológica. Quer dizer, ele responde a uma necessidade primária e profunda de sermos vistos por outra pessoa em nossa dor. Temos a necessidade instintiva de sermos testemunhados por alguém em nosso processo de autoconhecimento.

Acredito que ser ouvido e compreendido por alguém nos ajuda a superar a dor emocional e tem um efeito mais profundo do que a pura interpretação dos conflitos psicológicos. Em outras palavras, se não houver uma empatia mútua entre paciente e terapeuta, essa necessidade básica de se sentir realmente *visto* pelo outro não será atendida.

DR. SERGIO

Esse é o verdadeiro espírito das relações terapêuticas.

BEL

Os remédios podem ajudar, mas não bastam, porque, embora eles aliviem a *dor* emocional, não podem modificar o hábito de sofrer. Segundo o Budismo, o sofrimento é inexorável, mas a dor de senti-lo não. Quer dizer, podemos aprender a lidar com o sofrimento à medida que aprendemos a superar a dor que ele nos causa. Os Lamas comparam essa situação com a habilidade de saber nadar no oceano (do sofrimento) em vez de afogar-se nele.

Meu trabalho enquanto psicoterapeuta é essencialmente psicoeducativo, quer dizer, ajudo o paciente a conhecer a natureza da sua dor, assim como saber deixá-la, quando tiver aprendido o que ela podia lhe ensinar. Aprender a tolerar e superar a dor, como a de perdas e frustrações, faz parte do processo de amadurecimento. Em outras palavras, quando a meta é o desenvolvimento interior, não se busca a medicação simplesmente para abolir uma dor que nos incomoda, mas sim para ter condições de conhecê-la e superá-la. Lama Michel qual é a diferença entre o papel de um Lama e o de um psicólogo?

Lama Michel Rinpoche

A principal diferença é que o psicólogo tem como objetivo ajudar a pessoa a lidar com seus processos emocionais, ao passo que um Lama, além disso, vai guiá-la no seu caminho espiritual, quer dizer, vai ajudá-la a desenvolver o seu potencial interior, que visa ir além do próprio bem-estar. Faz parte do caminho espiritual encontrar o equilíbrio emocional, mas, para evoluir no caminho espiritual, é preciso ter uma certa estabilidade emocional, ou será difícil praticar certas meditações. Nesse sentido, poderíamos dizer que o trabalho do psicólogo antecede ao do Lama. Em geral, uma pessoa vai a um psicólogo quando se sente desequilibrada emocionalmente. Mas isso não precisa acontecer para praticarmos um caminho espiritual.

Bel

Pois é, mas, em geral, buscamos o caminho espiritual quando estamos enfrentando grandes dores. O que mais me encanta no Budismo é justamente aprender que não precisamos sofrer tanto para continuar evoluindo interiormente. Ou seja, é justamente quando estamos bem que podemos dar saltos maiores em nossa vida, como nos liberar de padrões de relacionamento destrutivos. Eu diria que o equilíbrio é a capacidade de continuar lidando com os contínuos e delicados estados desequilibrados da mente...

Lama Michel Rinpoche

Pode-se dizer que sim, ou seja, o equilíbrio é a capacidade de não se deixar levar pelos estados desequilibrados da mente.

Bel

Dr. Sergio, o que ocorre quando a pessoa está passando por um desgaste maior do que tem condições de elaborar?

Dr. Sergio

Quando a ameaça é muito maior do que a capacidade de resposta do indivíduo para resolver um problema, temos os choques emocionais de forte intensidade, que podem causar um desequilíbrio neuroquímico grave e levar a uma completa alteração no sistema emocional da pessoa. Nesse caso, fatalmente iremos necessitar de antidepressivos. Pessoalmente observo também que esses pacientes melhoram com a suplementação com triptofano e 5-hidroxitriptofano, que são os produtos precursores da serotonina.

LAMA MICHEL RINPOCHE

Esse seria o caso de pessoas que apanharam muito na infância? Eu já observei que, depois de adultas, elas passam a ter uma atitude de defesa, como se todos quisessem fazer algo contra elas.

DR. SERGIO

Sim, a tendência é criar um padrão neuronal.

BEL

Realmente, pessoas que passaram por isso continuam se colocando em situações nas quais irão "apanhar" novamente. É como se elas se sentissem atraídas por essa dinâmica.

LAMA MICHEL RINPOCHE

A pessoa faz isso para tentar fechar algo que ficou em aberto?

BEL

Sim e não. Por um lado, o fato de repetir a experiência conflitante aumenta a chance de criar a consciência sobre a necessidade de lidar com o padrão negativo de uma vez por todas. Quer dizer, de tanto "apanhar", uma hora "cai a ficha" de que alguma coisa está errada e que ela pode fazer algo para mudar. Por outro lado, se essa ficha não cair, ela vai simplesmente continuar atolada no mesmo padrão, reforçando-o cada vez mais.

DR. SERGIO

Agora, como tratar?

BEL

Nesses casos, eu trabalho com o paciente no sentido de fazê-lo entender que a sua história pode ser diferente. Que não existe somente *essa* possibilidade para ele. Mas é preciso que a pessoa, em primeiro lugar, esteja completamente determinada a mudar esse padrão. Porque, muitas vezes, ela já está tão acostumada a ele, que se torna mais fácil aceitar o abuso do que deixar o seu papel de abusada.

DR. SERGIO

Sem dúvida, entender que esse padrão não serve mais é a melhor maneira de superar a questão.

Lama Michel Rinpoche

    Eu costumo dizer que é preciso ter um objetivo alto e uma expectativa baixa, e esforço constante. A baixa expectativa naturalmente inclui a possibilidade de problemas e obstáculos no caminho, e o objetivo alto estimula a superação e a vontade de seguir adiante. Desse modo, você não vai desistir quando encontrar uma dificuldade no percurso. Quando a expectativa é muito alta, duvidamos da nossa capacidade de atingir o objetivo e recuamos diante da primeira frustração.

Capítulo 26
Quando a dor emocional se torna incontrolável

BEL

Nós estamos cansados de saber que, quando a dor emocional é constante e intensa, ela compromete tanto as habilidades mentais quanto as físicas. Mas, em geral, há uma cisão no momento do atendimento profissional. A dor emocional é tratada pelo psicólogo, e a dor psicofísica pelo psiquiatra, isso sem falar nos médicos clínicos que cuidam exclusivamente dos sintomas físicos!

O fato é que, para cuidar de uma dor emocional, é imprescindível tratar concomitantemente do corpo. Desde que conheci o seu trabalho, vejo que é possível unir esses dois tratamentos. Por isso, quando estou atendendo um paciente que está vivenciado uma forte dor emocional, procuro indicá-lo o quanto antes para você, para que ele possa obter também uma ajuda medicamentosa adequada.

Mas algumas correntes psicológicas criticam o uso da medicação nos processos de dor emocional. Como se, ao atenuar o mal-estar, a pessoa não se sentisse mais compelida a elaborar sua dor psíquica. Em outras palavras, é como se a dor fosse um mal necessário que nos força a parar para mudar as áreas da vida que não vão bem. Costumo dizer que há um tipo de tristeza que nos afunda, e outro que nos cura, porque nos leva a elaborar o sofrimento.

DR. SERGIO

Essa questão é uma das mais complexas que os profissionais de saúde mental encaram no dia a dia, por isso é bastante polêmica. É interessante observar que as coisas costumam caminhar por extremos. Veja, por exemplo, a questão de tomar ou não sol: alguns médicos proíbem os pacientes de tomar sol em razão do risco de câncer e envelhecimento cutâneo, mas, por outro lado, sabe-se que a deficiência da vitamina D criada pela falta de luz solar contribui para o desenvolvimento de câncer e outras doenças. Segundo minha visão, todos os extremos são prejudiciais à saúde. Então, é uma questão de bom senso. O mesmo se aplica aos problemas emocionais. O paciente é que deve ser o nosso foco, e não nossas ideias teóricas. Cada caso é um caso.

A pessoa diante de uma forte situação de perda, por exemplo, vai precisar recrutar mais serotonina para manter-se equilibrada emocionalmente. O excesso de angústia pode ser lesivo; por isso, deve ser tratado com todos os recursos necessários.

Bel

Para ajudar a amenizar uma dor emocional incontrolável, você indica o triptofano, não é?

Dr. Sergio

Sim. O triptofano é o precursor da serotonina. É como um carro que vai precisar acelerar quando enfrenta uma subida. O triptofano é um dos aditivos da nossa gasolina.

Bel

A serotonina é necessária no processo de elaboração emocional, certo?

Dr. Sergio

Claro. Veja bem, todos os dias temos de nos adaptar a novas situações. Por isso, conforme já conversamos, precisamos dormir e sonhar para nos recuperar. Esse período de recuperação está ligado à neuroplasticidade, ou seja, à contínua capacidade de reestruturação de nosso cérebro para se adaptar às mudanças diárias do ambiente e dos relacionamentos. A todo momento estamos atualizando nossos conceitos, ou seja, refazendo nossas ligações neuronais.

No entanto, em certas situações haverá necessidade de maior reestruturação. Por exemplo, quando ocorre uma perda e a pessoa não consegue elaborá-la por excesso de estresse ou de dor, ela terá falta de serotonina e não conseguirá relaxar, repousar nem dormir, o que pode comprometer muito sua saúde. Sem serotonina a pessoa não consegue melhorar, pois essa substância é um importante fator para que se dê a neuroplasticidade. Sem serotonina a pessoa não consegue fazer novas ligações neuronais para se reestruturar. Quer dizer, ela não consegue fechar o seu ciclo de dor.

Bel

Pois é, como já conversamos, quanto menos serotonina, mais ansiosos ficamos na busca por soluções. Nesse sentido, uma medicação que ajude a repor a serotonina dará à pessoa a possibilidade de se sentir mais confiante na sua capacidade de encontrar essas soluções e elaborar a sua dor emocional. Ela terá atitudes mais proativas em relação à sua dor. Quer dizer, apesar da dor no presente, ela será capaz de se projetar no futuro como uma pessoa mais forte. Mas se ela se sentir incapaz diante de sua dor, vai dar um sentido de derrota à sua tristeza. Se ela tem gasolina suficiente para subir a ladeira, ou seja, se ela tem triptofano, vai olhar a ladeira com outros olhos...

Dr. Sergio

Exatamente. Quando você não faz a neuroplasticidade, cria a desesperança, um sintoma invariante da depressão. Como já dissemos. Cem por cento dos depressivos se sentem acuados. Sabemos que o estresse causa diminuição de triptofano circulante no plasma, possivelmente pelo aumento da necessidade de formação da serotonina. Baixos níveis de triptofano podem prejudicar a capacidade de enfrentamento de novos estresses, aumentando a sensação de desesperança.

Uma pessoa em dor psíquica extrema deve ter apoio da mesma forma que um acidentado. Existem correntes psicoterápicas que imaginam que qualquer tratamento químico feito para uma pessoa em processo de perda seria extremamente prejudicial. Mas não devemos esquecer que o excesso de sofrimento pode ser lesivo, e muitas pessoas pagaram com sua vida o conceito errado de que não podiam usar uma medicação.

Bel

Uma das críticas feitas à medicação por essas correntes é que seu uso altera a dinâmica de forças psíquicas e diminui a força de trabalho que é imposta ao aparelho psíquico. Em outras palavras, ela atenua o sofrimento de modo paliativo. A medicação não tem o poder de mudar o nosso hábito de sofrer, pois ela não é capaz de alterar os esquemas emocionais que mobilizam os sentimentos e seus aprendizados. Mas ela pode propiciar a serenidade e o entusiasmo necessários para lidarmos com os processos emocionais doloridos.

Dr. Sergio

Concordo com você Bel, os antidepressivos não alteram os sentimentos do paciente que os toma. Apenas corrigem o estado depressivo e ansioso, favorecendo uma melhor adequação emocional.

A depressão é uma disfunção que envolve grandes alterações físicas e psíquicas e, portanto, está relacionada ao aparecimento de doenças, tais como a diabetes, as doenças cardiovasculares, as demências, as infecções, o câncer, e possivelmente ao envelhecimento precoce. Tudo isso sem falar do grande número de suicídios que ocorrem todos os anos. Portanto, considero uma grande irresponsabilidade desaconselhar o uso de remédios ou um tratamento eficaz a um depressivo grave.

Bel

Pois é, mas no entanto, os antidepressivos – como o Prozac – têm a fama de serem uma medicação que anestesia os sentimentos da pessoa, impedindo-a de elaborá-los...

Dr. Sergio

Não concordo com isso. Em doses terapêuticas normais isso não ocorre. Se o paciente se sente anestesiado é porque algo não está indo bem com a medicação.

Bel

Outra crítica feita ao uso de antidepressivos é que levariam a pessoa a aceitar as situações em vez de lhes opor resistência. Ou seja, fariam a pessoa se esquivar dos verdadeiros problemas de sua vida. Qual é a sua experiência a esse respeito?

Dr. Sergio

Como disse anteriormente, doses excessivas de medicações que aumentam a quantidade de serotonina disponível podem causar uma maior passividade. Por isso o tratamento deve sempre visar à correção do estado de humor e não à supressão das emoções.

Bel

Mas na prática muitas vezes é isso que ocorre, pois muitas pessoas abusam dos ansiolíticos para evitar o estresse da vida diária. Aliás, também é muito comum confundir os antidepressivos com os ansiolíticos. Por exemplo, nem sempre se diferencia a função do Prozac, que é um antidepressivo, da do Lexotan, do Frontal ou mesmo do Rivotril, que são ansiolíticos.

Dr. Sergio

De fato, há muita confusão com alguns conceitos a respeito do uso de psicofármacos. É muito comum ver as pessoas confundirem os benzodiazepínicos, remédios de tarja preta como são conhecidos, que são tranquilizantes ou ansiolíticos, com os antidepressivos.

Veja bem, os antidepressivos – isso inclui o Prozac, cuja substância é a fluoxetina – ajudam no processo de neuroplasticidade, estimulando o crescimento de novos caminhos neuronais. Portanto, eles são úteis no processo de elaboração dos problemas. Já drogas do grupo químico dos benzodiazepínicos (os de tarja preta), assim como o álcool em excesso, podem prejudicar, a longo prazo, a neuroplasticidade, uma vez que estimulam o sistema gabaérgico, que é bloqueador desse processo.

O uso dos antidepressivos requer orientação médica e deve ser supervisionado pelo psiquiatra. Mas, muitas vezes, não é isso que ocorre...

O fato é que quando há "abuso" dos antidepressivos, ou a necessidade de doses elevadas, ocorre um excesso de liberação da serotonina que gera o estado de entorpecimento, de "anestesia dos sentimentos", do qual estávamos falando. Além disso, é preciso saber equilibrar a ação dos antidepressivos com as outras medicações. A meu ver, o grande problema é que muitas vezes este tipo de medicação é indicado por profissionais que não dominam esse conhecimento.

BEL

Seria importante esclarecer melhor qual é a finalidade de cada medicação.

DR. SERGIO

Basicamente temos algumas categorias específicas de drogas: os *antidepressivos* que aumentam a disponibilidade de neurotransmissores no cérebro; os *benzodiazepínicos* que estimulam o receptor GABA (receptor inibitório dos estados de ansiedade e excitação neuronal); os *neurolépticos* que bloqueiam os receptores da dopamina e alguns receptores serotonérgicos ligados à ansiedade); e os *estabilizadores de humor* que são também anticonvulsivantes, que têm mecanismos de ação diversificados mas acabam por diminuir a excitabilidade cerebral.

Pessoalmente vejo com muita cautela o uso dos tranquilizantes, como os *benzodiazepínicos*, que podem causar dependência, déficit de memória e piorar os quadros depressivos.

BEL

Pode-se dizer que os *antidepressivos*, os *neurolépticos* e os *estabilizadores de humor* proporcionam o equilíbrio bioquímico necessário para sentir e elaborar as emoções, ao passo que os *tranquilizantes* "abafam" essas emoções, impedindo que sejam sentidas e portanto elaboradas?

DR. SERGIO

Sim. Veja bem, hoje já sabemos que a capacidade de elaboração está diretamente relacionada com a capacidade de fazer novas conexões neuronais. Então, no caso do rompimento de uma ligação emocional significativa, geramos uma lacuna que deve necessariamente ser preenchida em algum momento para que a pessoa possa se sentir bem novamente.

Fisicamente é como se a rede neuronal, que corresponde a essa memória emocional, fosse rompida e necessitasse ser refeita.

Para criar novas memórias e, portanto, novas ligações neuronais precisamos de um neurotrasmissor conhecido por glutamato ou ácido glutâmico. Ele tanto estimula receptores ansiogênicos, quer dizer, induz à ansiedade, como estimula o crescimento da árvore neuronal.

BEL

Por isso sentimos ansiedade quando estamos aprendendo algo novo?

DR. SERGIO

Exatamente. Dentro de uma medida ideal a ansiedade é necessária ao processo de aprendizagem. Nesse sentido, o estado de relaxamento excessivo causado pelo uso indiscriminado de benzodiazepínicos pode prejudicar o aprendizado. Porém, um grau muito elevado de ansiedade irá impedir a capacidade de adaptação do indivíduo aos ambientes desafiadores.

BEL

Podemos dizer que se o processo de aprendizado envolver muita ansiedade ele ficará associado a uma memória de dor, que pode ter um efeito paralisante. Nesse caso, será a *consciência* da dor que irá proporcionar um aprendizado funcional.

DR. SERGIO

Por isso, enquanto você for capaz de manter o autocontrole emocional, viverá mais. Como mostra a pesquisa *Personality predictors of longevity: activity, emotional stability, and conscientiousness*,[20] as pessoas bem-adaptadas ao ambiente, vivem em média cinco anos mais que as outras.

BEL

O problema é quando não temos *o hábito* de buscar novas soluções. Creio que o autoconhecimento é um aprendizado que se torna um hábito. Quem não está acostumado a buscar um sentido para sua dor emocional e transformá-la em crescimento interior dificilmente irá parar para observá-la... E, aos poucos, essa pessoa vai se perdendo. Sua vida vai perdendo o rumo pelo acúmulo de vivências inacabadas. É como um computador que trava por ter arquivos demais abertos. É preciso "concluir" nossos arquivos emocionais. Um modo de fazer isso é se perguntar: o que essa dor faz comigo?

Muitas vezes, vivemos uma situação paradoxal diante da dor: o cérebro cognitivo reconhece a verdade do ocorrido, mas o cérebro emocional reluta em aceitar. Por isso, para superar uma dor, essas duas áreas cerebrais devem atuar em harmonia. Se permanecemos conectados apenas à dor e rejeitamos qualquer elaboração sobre ela, é impossível superá-la.

Superamos a dor da perda à medida que reconhecemos que é inútil fixar-se à dor da revolta, isto é, da indignação diante do ocorrido. Nesse momento, "engatamos a primeira marcha" e voltamos a andar para a frente. Assim,

---

[20] Saiba mais: http://pesquisa.bvsalud.org/regional/resources/mdl-18596250.

conseguimos formar novos caminhos neuronais que indiquem uma saída para o conflito.

Concluindo: diante do desespero emocional, é preciso primeiro acalmar o corpo. Ou seja, o corpo relativamente equilibrado é necessário para que a mente acesse seus recursos.

Dr. Sergio

Na prática, não existe equilíbrio no desespero. Mas se você estiver bem antes do fato que o gerou a resposta será bem melhor.

Bel

Quimicamente falando, você provoca uma trégua onde ela não existia, criando nesse momento uma brecha para gerar uma memória positiva, uma atitude de saída.

Dr. Sergio

A capacidade de enfrentamento tem muito a ver com todo esse processo de reconhecimento interno, que, por sua vez, é mediado pela química dos mensageiros, neurotransmissores e hormônios. Lutamos de acordo com a capacidade do nosso corpo. Se não temos vigor e força, a opção será a fuga.

Como já vimos, existem basicamente dois tipos de hormônios – os construtores (anabólicos) e os destruidores (catabólicos) –, e a predominância de um ou de outro pode definir nosso comportamento cotidiano. No geral, na primeira metade da vida predomina a atividade anabólica, e, naturalmente, com o envelhecimento, há uma predominância catabólica.

Durante a predominância anabólica, temos maior capacidade de enfrentamento, podendo reagir com mais agressividade. No maior nível de catabólicos (associado à fase do envelhecimento ou a um longo período de estresse), tenderemos a fugir e nos resignar. Como temos conversado, o equilíbrio hormonal é a chave do bem-estar, além de ajudar a evitar o envelhecimento precoce.

Bel

Ok. Mas a atitude mental interna também define nossa força diante das situações. Muitas vezes temos a força interna, mas estamos focados na derrota. E o corpo está reagindo baseado nisso. É como ter a solução, mas simplesmente não olhar para ela, porque estamos numa postura errada.

Por exemplo, quando encaramos uma ameaça iminente como um desafio, como algo cuja solução nos provoca curiosidade, desencadeamos uma atitude de autoconfiança que, por sua vez, pode acionar uma química capaz de gerar força. Saber se auto-observar e mudar a atitude interna faz parte do processo de autoconhecimento que é adquirido com a ajuda psicoterapêutica.

Capítulo 27
A técnica do EMDR: como lidar com a dor emocional "sem saída"

Bel

A técnica do EMDR (em inglês, *eye movement desensitization and reprocessing*, ou dessensibilização e reprocessamento por meio de movimentos oculares) pode ajudar quando nos sentimos acuados. Criada em 1987 pela psicóloga norte-americana Francine Shapiro, ela permite liberar o trauma ao reativar as redes neuronais congestionadas por meio de estímulos bilaterais seguidos de um processo psicoterapêutico.

Utilizo essa técnica quando percebo que há um trauma, um bloqueio que impede a pessoa de fechar um ciclo de estresse gerado por uma dor emocional. Aliás, numa única sessão de EMDR muitas pessoas já passam a ver uma situação desesperadora de uma forma mais amena.

Enquanto o paciente recorda a situação traumática e concentra-se na dor emocional presente, acompanha com os olhos os movimentos bilaterais que o terapeuta faz à sua frente, movendo os dedos da direita para a esquerda e vice-versa. Esses estímulos bilaterais, que podem também ser táteis ou auditivos, ajudam a liberar e reorganizar a memória traumática.

A memória traumática difere da comum porque guarda detalhes visuais, auditivos, olfativos, físicos e emocionais, como se tivessem ocorrido há pouco tempo. Dessa forma, a técnica permite que a pessoa esteja emocionalmente mobilizada pela dor, ao mesmo tempo que processa uma nova maneira de encarar o evento. Assim, ela ganha uma nova visão, ao associar a situação traumática com os recursos de saída que surgem do processo com o terapeuta.

Isso se torna evidente quando observamos a respiração do paciente durante o EMDR. Ela volta a ser regular e tranquila após o processamento. Alguns estudos sugerem que o EMDR é realmente um "reflexo investigatório", que resulta em uma resposta de relaxamento básico que acontece depois que a pessoa percebe que não há nenhuma ameaça. Ao unir esse estado de relaxamento com a memória perturbadora anterior, o paciente passa a ter uma nova maneira de experienciar a memória, notando-se nitidamente a diminuição da aflição.

DR. SERGIO

Em outras palavras, o EMDR atualiza o hipocampo com novas informações. Associar os perigos atuais com perigos resolvidos é a grande questão de todos os animais superiores. Essa é a solução da natureza na luta pela sobrevivência. Por que é o cortisol que estimula a memória? Porque é o perigo que faz você aprender.

O hipocampo, além de receber, passa informações. É muito interessante: quanto mais o hipocampo estiver atrofiado, por excesso de estresse, menos ele irá controlar as informações – tanto as que recebe quanto as que transmite. Por isso, quando uma pessoa está em desespero, tende a ficar mais desesperada, pois suas condições mentais para elaborar a situação tornam-se cada vez mais precárias.

BEL

O EMDR auxilia a pessoa a recrutar os seus recursos internos para lidar com situações para as quais se sente despreparada. Enquanto pensa no problema em questão e segue com os olhos os movimentos de mão do terapeuta, para a direita e para a esquerda, ela irá estimular em seu cérebro tanto a memória *explícita* – que se refere a informações acessíveis à consciência, sejam elas de acontecimentos, pessoas, rostos, ou lugares –, como a *implícita* – ou seja, a "memória escondida", isto é, que foi armazenada de maneira inadequada ou disfuncional. Por exemplo, quando nos sentimos tristes ou vulneráveis sem uma razão aparente estamos mobilizados pelo conteúdo de uma memória implícita, da qual não temos consciência, apesar de sentirmos claramente o desconforto interior causado por ela. Esse tipo de memória pode ser desencadeado por uma pista implícita, como um odor, um som ou uma música.

DR. SERGIO

Isso é muito interessante, pois a memória implícita é formada nas várias áreas subcorticais do cérebro, ao passo que a memória explícita está baseada nas áreas corticais e no hipocampo. Quer dizer, as memórias implícitas não são acessíveis à consciência, pois se desenvolveram sem que houvesse um registro simbólico delas, como no caso da imitação via neurônios-espelho. De fato, é sabido que as experiências registradas por meio da memória implícita quando somos bebês não se modificam com a aquisição da linguagem, ou seja, elas permanecem atuando de modo a interferir nos subsequentes aprendizados.

BEL

Por isso, o EMDR tem uma atuação tão profunda, pois por meio dele podemos acessar essas sensações geradas pela memória implícita e dar a elas um novo rumo, acrescentando novos aprendizados. Por exemplo: uma pessoa que não se sentiu suficientemente amada por sua mãe, e projeta esse sentimento em todos os outros relacionamentos, ao passar pelo EMDR pode acessar a memória implícita da ausência de sua mãe e paralelamente ter uma compreensão racional das razões e das circunstâncias de vida que a levaram a estar ausente. À medida que ela passa a *entender* e *sentir* o ocorrido não mais como abandono, irá armazenar uma nova informação sobre essa sensação e poderá lidar com ela de modo mais adequado e funcional.

Em outras palavras, à medida que o paciente passa a ter consciência de seus padrões disfuncionais, ele encontra, com o terapeuta, um modo de encarar suas dificuldades e lidar com elas de forma mais funcional e adaptada ao momento presente. É como dizer para si mesmo: "Naquele momento eu não soube lidar com essa situação, mas agora posso entendê-la de outra maneira". Ou seja, à medida que recordamos *como* algo se deu, podemos elaborar o ocorrido por meio da consciência atual, dando novo significado ao evento passado.

Nesse sentido, a técnica de EMDR é um processamento que se passa em três tempos: passado, presente e futuro. Por ser um processo delicado, no qual o paciente irá entrar em contato com memórias que até então evitava, é muito importante que o terapeuta, antes de iniciar o procedimento, ajude a pessoa a encontrar um "lugar seguro" dentro de si, por meio de uma postura de calma, ternura e confiança nos benefícios desse processo.

DR. SERGIO

Os movimentos oculares do EMDR são semelhantes aos que ocorrem durante o sono REM. Como já conversamos no capítulo 2, durante esse tipo de sono, temos sonhos alimentados pelo córtex pré-frontal, área do cérebro responsável pela tomada de decisões, planejamento e intenções...

BEL

O neurologista dr. Robert Stickgold afirma, no livro *Cura emocional em velocidade máxima*,[21] que durante o EMDR ocorre o mesmo que nos ciclos REM. Ou seja, o fluxo de informações armazenadas no hipocampo que vai para o córtex adquire direção inversa, permitindo ao cérebro reavaliar informações congeladas em algum sistema que ficou sobrecarregado no momento do trauma. Uri Bergmann afirma, no livro *Trauma e EMDR*,[22] que, diferentemente do

---

[21] GRAND, David. *Cura emocional em velocidade máxima*: o poder do EMDR. Brasília: Nova Temática, 2007. p. 34.
[22] LESCANO, Rubén (Org.). *Trauma e EMDR*: uma nova abordagem terapêutica. Brasília: Nova Temática, 2007.

REM natural, o EMDR-REM facilita novas conexões associativas necessárias à compreensão do significado dos fatos experimentados na vida.

Pelo que eu pude compreender, as conexões que passam informações da amígdala para o córtex são mais fortes do que as que fazem o caminho inverso, isto é, do córtex para a amígdala. Quer dizer, é mais fácil acionar o alarme do que desligá-lo. Por isso a técnica do EMDR, além de *liberar* as emoções, ajuda a organizá-las, uma vez que reforça esse caminho do córtex para a amígdala.

Agora uma curiosidade: segundo as pesquisas do neurofisiologista Richard Davidson, as pessoas mais felizes possuem o córtex frontal esquerdo, que é a região do cérebro capaz de manter sob controle os sentimentos "ruins", mais ativo.

Mas, por outro lado, li outro dia numa revista que certos estudos apontam que a depressão aumenta a atividade cerebral do córtex pré-frontal, o que faria a mente permanecer mais focada no problema... O que você diria sobre isso?

DR. SERGIO

Pois é, o córtex pré-frontal é uma importante área de busca por soluções e conexões de dados. Se houver uma falha na conexão entre ele e o sistema límbico, onde se desencadeiam as emoções, as mensagens elaboradas racionalmente pelo córtex não irão dar conta de desativar um estado emocional alerta.

BEL

Nesses casos é comum escutar a pessoa dizer: eu *entendo* que não preciso ter medo, mas continuo medrosa... Quer dizer, não será possível haver uma nova elaboração sem uma conexão saudável entre a capacidade de pensar e a de sentir.

DR. SERGIO

Na depressão, o córtex pré-frontal ficará permanentemente ativado, enquanto não for encontrada uma saída para os conflitos emocionais. É como forçar um carro a subir uma ladeira, mesmo sabendo que ele está sem gasolina.

Capítulo 28
Um pouco mais sobre a técnica de EMDR[23]

BEL

A finalidade de nosso cérebro é otimizar nossos comportamentos, ou seja, manipular com destreza nossas necessidades físicas e as possibilidades de interação cognitiva e emocional, a cada momento. Para tanto, todos os sinais que ele recebe por meio dos sete sentidos (tato, visão, audição, olfato, paladar, equilíbrio e movimento – propriocepção) são analisados e devidamente processados. Conforme a natureza ameaçadora ou não desses estímulos, reagiremos fugindo, atacando ou "nos fazendo de mortos", isto é, ficando paralisados, "congelados".

As reações de ataque e fuga geram uma solução para o conflito. Afinal, elas podem ser conscientes e elaboradas de modo racional. Mas os estímulos que "congelam" nosso cérebro bloqueiam também o acesso ao ocorrido e sua compreensão. Sem saber como fugir ou atacar, ficamos congestionados, sobrecarregados sem sequer ter acesso ao que nos causou desconforto.

No entanto, como tudo o que é absorvido pelo cérebro precisa ser necessariamente processado, esse conteúdo continuará buscando sua elaboração, isto é, uma solução. Esses estímulos congestionados são redes neuronais que se tornam discrepantes ou desconectadas. Eles se assemelham a uma chamada telefônica que, ao não ser atendida, é automaticamente rediscada. Só quando finalmente for respondida e solucionada é que o cérebro poderá desbloquear o estímulo e voltar a fluir.

A questão é que sempre que vivenciamos medo, angústia, dúvida e até mesmo desespero estamos aumentando o número de chamadas não atendidas em nosso cérebro. E, uma vez que ele não dá conta de tantas chamadas, começa a falhar. Consequentemente, ficamos inseguros, frágeis e ainda mais incapazes de reação.

Atender a uma chamada quer dizer *concluí-la*. Todos nós sabemos o quanto é desgastante depois de ter sido finalmente atendido pela central de reclamações de uma empresa, ser obrigado a ficar aguardando infinitamente na linha ao som de uma música irritante ou de propagandas da própria empresa

---

[23] Saiba mais sobre EMDR: http://www.emdrsp.com.br.

de cujo serviço estamos tentando reclamar!

O mesmo acontece dentro de nós. Todos os assuntos inacabados pedem por ser atendidos, ou seja, direcionados e concluídos. Isso só ocorre quando escutamos sua reclamação e lidamos diretamente com ela. A partir disso, podemos atacar – ou seja, transformar a situação –, ou decidir fugir – isto é, reconhecer que nossos recursos são insuficientes, decidindo abandonar definitivamente a luta.

Enquanto bloqueamos a dor emocional de uma grande perda, por exemplo, com medo de senti-la e sermos destruídos por ela, não atendemos a sua chamada; mas ela continuará requisitando nossa atenção enquanto não completarmos o processo de luto: a elaboração do choque, sua aceitação e a adaptação à nova situação. Em outras palavras, o choque será assimilado à medida que passarmos a lidar com a frustração das nossas expectativas gerada pela ausência da pessoa. Tudo o que gostaríamos de fazer com ela e que agora é impossível realizar pede por um novo ajuste. Parte dessas expectativas poderá ser redirecionada, se dermos sequência aos projetos que foram criados em conjunto, sob uma nova perspectiva. No entanto, sempre haverá uma porção delas que não poderá ser viabilizada. Então precisaremos nos render, abandonar a luta, aceitar o inevitável.

Há um momento em que *desistimos* de sofrer. Nesse momento, passamos a evitar as situações que reativam a nossa dor porque sabemos que ela nada mais tem a nos oferecer.

No entanto, *sabemos* que esse processo não é simples. A maioria das chamadas não atendidas é inaudível e só se fazem ouvir por meio da depressão, da ansiedade, do desconforto diante do desconhecido ou mesmo de um ataque de pânico. Todos esses sintomas são avisos de que nosso cérebro está sobrecarregado, bloqueado, congestionado.

Uma vez que o paciente identifica a situação que mais o perturba e a melhor atitude que ele pode adotar para lidar com ela, no seu contexto atual, ele deve mensurá-las. Para tanto, eu pergunto: "Numa escala de 0 a 10, sendo 10 o máximo do incômodo, o quanto isso o perturba?" e "Numa escala de 1 a 7, sendo 7 o máximo da crença, quanto você sente que essa atitude é de fato possível e efetiva?".

Então, peço ao paciente que feche os olhos e respire profundamente três vezes, expirando o ar pela boca. Mantendo os olhos fechados, peço que ele me diga onde sente o seu corpo se contrair ou relaxar enquanto pensa no que o perturba. A grande maioria das pessoas não tem dificuldade em responder a essa pergunta. A resposta é imediata: há sempre um desconforto físico. Por fim, começo a dar leves batidas alternadas em seus joelhos ou peço que abra os olhos e siga meus dedos diagonalmente, de baixo para cima, ou da esquerda para a direita, e vice-versa. Enquanto isso, peço que se concentre na área afetada no seu corpo e leve sua atenção para o problema em questão.

Apesar de ser uma técnica aparentemente simples, ela é única a cada aplicação. Notei que o mais importante foi aprender a ler os microssinais pelos quais o paciente expressa o que está ocorrendo: quando sua respiração acelera ou diminui; quando deixa de respirar ou suspira; quando o movimento dos olhos se torna acelerado bilateralmente; se há tensão nas mãos, pernas e pés, assim como microexpressões faciais. Alguns pacientes preferem reportar verbalmente tudo o que lhes passa na cabeça, outros ficam em silêncio. Notar esses sinais é imprescindível para saber quando devo intervir ou não. Sem dúvida, para tanto, a empatia entre nós deve estar presente desde o início da sessão. O fato de a pessoa se sentir *sendo vista*, testemunhada na sua dor, sem ser julgada, tem grande poder reparador.

Como num filme em que o roteiro está para ser mudado, vamos navegando por imagens, sensações, emoções e pensamentos que surgem à medida que o paciente é estimulado pelos batimentos alternados. Algumas vezes ele é seu próprio roteirista; em outras, faço parte das mudanças de seu roteiro, com sugestões que só serão válidas se ele reagir verdadeiramente a elas. Quando esse filme encontra um "final possível", o processo está concluído. Nesse momento, o paciente já sente sua melhora física. Na grande maioria das vezes, a tensão corporal some completamente. Muitas vezes a pessoa chega na sessão com dor de cabeça ou muscular, que passa durante o processo.

Ao mensurar novamente o quanto estava perturbado e o quanto se sente capaz de lidar com a situação, notamos se houve de fato uma melhora. Se ele se sentir ainda perturbado, com pontuação acima de 2, ou incapaz de lidar com a situação, com pontuação abaixo de 4, conversamos sobre o que lhe falta para lidar com o problema e continuamos o processo em uma nova sessão.

Vale, no entanto, ressaltar que essa técnica não nos ajuda a *esquecer* a mágoa, mas a lembrá-la para elaborá-la!

Um trauma é uma dor emocional inacabada que pede por conclusão. Por isso, embora tentemos esquecer ou evitar as situações que nos remetam a ele, fazemos exatamente o contrário: atraímos e nos envolvemos em situações que ativam a dor vivida, pois ela está lá, nos pedindo para ser vista. Aquilo de que não esquecemos ainda tem algo para nos dizer!

Nosso cérebro arquiva todas as nossas experiências para que aprendamos com elas. Quer dizer, memorizamos o passado para nos prevenir de ameaças futuras. Por isso, enquanto não pudermos solucionar um conflito emocional, ele continuará se repetindo. Quando concluímos um ciclo emocional, ou seja, quando nos sentimos seguros e amparados diante de uma situação que já nos gerou desconforto e medo, estamos prontos para dar início a um novo ciclo, sem sermos perturbados pelas tarefas inacabadas dos ciclos anteriores.

É bom lembrar: nosso corpo sofre com as dores emocionais, assim como um corpo estressado altera os estados emocionais. Por isso, precisamos cuidar de ambos!

Capítulo 29
A dor que não vai embora é aquela que não foi sentida, vista e reconhecida

BEL

Quem já não se pegou dizendo: "Não acredito que isso ainda me vulnerabiliza tanto... já devia ter superado essa dor!".

Sabemos que sofrer faz parte do processo de amadurecimento emocional. Mas, como diz Lama Gangchen Rinpoche: "É possível sofrer sem dor". Enquanto somos capazes de manter nosso eixo interno, sofrer não é em si um problema. No entanto, quando nos sentimos vulneráveis diante do sofrimento, ele pode realmente ser muito doído! A dor que não vai embora é aquela que não foi sentida, vista e reconhecida.

Como diz Rachel Naomi Remen, em seu livro *As bênçãos do meu avô*:

> Cada grande perda exige que façamos uma nova opção pela vida. Para tanto, precisamos sofrer e lamentar. A dor que não é sofrida transforma-se numa barreira entre nós e a vida. Quando não sofremos a dor, uma parte nossa fica presa ao passado, como a mulher de Lot que, no relato da Bíblia, ao olhar para trás transformou-se em estátua de sal.[24]

Muitas vezes, tememos entrar em contato com certas lembranças que nos fazem sofrer. Temos medo de sermos destruídos por elas, mas é sentindo a dor que ela se dissolve. Uma vez que nos aproximamos afetivamente de nossa dor, estranhamente deixamos que ela parta. Podemos penetrar na dor e sair dela melhor do que estávamos!

Em geral, aquilo que dói revela em nós algo que não gostamos de admitir.

O problema é que associamos a ideia de sofrer com a de fracassar. Mas o sofrimento, em si, não é uma derrota, mas parte de um processo de cura. Por isso, para nos libertarmos da dor que resta, há algo que ainda deve ser feito: permitir sua existência para que ela, depois, se vá.

---

[24] REMEN, Rachel Naomi. *As bênçãos do meu avô*. Rio de Janeiro: Sextante, 2001.

A dor que não vai embora clama por atenção e empatia, crescendo, por isso, diante de críticas e julgamentos. Para nos aproximarmos dela, teremos de deixar de lado o desejo de justiça em relação ao passado e olhar para a frente. Se continuarmos a carregar as mágoas do passado, estaremos fadados a reencontrá-las no presente ou no futuro.

Cabe ressaltar que penetrar na dor não significa mergulhar de cabeça num precipício. Isso pode ser feito gradativamente, sentindo a dor apenas para superar nossos preconceitos e resistências em relação a ela.

Se encarar a dor apenas servir para aumentar a cobrança sobre o que poderíamos ou deveríamos ter feito, levando a atitudes autodestrutivas, de fato irá causar muito mal. Quanto mais exigimos de nós mesmos, mais nos distanciamos do ponto onde realmente estamos e menos conseguimos olhar o problema de frente.

Podemos contornar a dor até estarmos prontos para encontrá-la, como se fazia nos antigos *footings*, aos domingos, nas cidades do interior. Neles, rapazes e moças se cortejavam dando voltas na praça em direções opostas e só quando estavam prontos para se aproximar é que sentavam nos bancos, para se conhecer melhor. De acordo com minha tia, a segunda volta era uma grande emoção, pois nela estava a chance da confirmação do encontro de olhares... A cada volta, nos aproximamos mais de nossa meta. Aprimoramos nosso olhar. Suavizamos as angústias que surgem antes de entrar em contato direto com nosso alvo.

Olhar de modo honesto, sincero e direto para nossa situação não é uma atitude de condenação! Não devemos criar um veredicto a respeito de nós mesmos. Ao contrário, temos de nos dar a liberdade de mudar!

Podemos tocar a dor com uma atitude amorosa. Assim como ensina o ditado budista: "Não se apegue, nem rejeite; então tudo será claro". Por isso, se ao sentir a dor começarem os discursos mentais de revolta, é hora de sair dela novamente. E dar mais voltas em torno da praça, espairecer a ansiedade, criando coragem novamente.

"Primeiro, temos de tornar pequeno um problema que vemos como grande; a partir daí, ele poderá ser dissipado", nos alerta Lama Gangchen Rinpoche.

Quando estamos calmos, naturalmente nos aproximamos do centro, pois as barreiras de defesa já não são mais tão sólidas. Menos resistentes, já não tememos tanto o que antes parecia ameaçador. Quando compreendemos a dor, não estamos mais à mercê dela. Podemos nos libertar, à medida que conseguimos ler a mensagem que ela nos dá.

Converse com a sua dor. Pergunte a ela: "O que você quer me ensinar?". Uma vez que tenha compreendido sua mensagem, faça algo prático com essa nova percepção. E, assim, poderá testemunhar sua real transformação.

Capítulo 30
O que é a felicidade?

Com Lama Michel Rinpoche

Bel

Lama Michel, o que é felicidade?

Lama Michel Rinpoche

A felicidade é um estado de verdadeiro bem-estar no qual a pessoa não deseja que nada seja diferente daquilo que ela está vivendo. É um sincero "tudo bem", que sentimos quando paramos de lutar contra o mundo. Quando estou feliz tenho satisfação, sinto-me bem comigo mesmo e com o mundo à minha volta. A felicidade é um estado no qual você não está em conflito com absolutamente nada. Nesse sentido, é um verdadeiro bem-estar.

Existem momentos em que sentimos a felicidade em seu estado mais puro; em outros, nos sentimos felizes, mas ainda estamos presos a alguns estados mentais negativos.

A felicidade 100% pura é aquele instante em que sentimos o auge de alegria, em que tudo parece perfeito. Instantes depois, perdemos essa sensação, porque os estados mais sutis de insatisfação voltam a surgir.

Bel

É por isso que a felicidade é um hábito mental. Se você não estiver habituado a se sentir feliz, a mente insatisfeita volta a se manifestar mais rapidamente.

Lama Michel Rinpoche

Claro. Para se chegar à felicidade, é preciso fazer um percurso principalmente interno, mental, emocional. Acredito que a química pode ajudar quando a pessoa não consegue fazê-lo por si só. Ela pode ajudar a manter certo equilíbrio quando se está em uma situação extrema, mas não sei por quanto tempo. Quer dizer, a química pode levar a pessoa ao estado de felicidade, mas, se a mente não estiver habituada a ser feliz, esse estado não perdura.

DR. SERGIO

A ciência concluiu que a felicidade é um estado basal característico de cada pessoa. As pesquisas científicas mostram que pessoas que tiveram grandes felicidades ou grandes infortúnios – por exemplo, que ganharam na loteria ou que perderam alguém – em um ano voltam ao mesmo nível de felicidade que tinham antes da ocorrência desses fatos. Elas ficam muito felizes ou muito infelizes durante, no máximo, um ano; depois desse prazo, aquilo deixa de ter impacto sobre elas. Quando se trata de um fato menos significativo, dura ainda menos. A felicidade alcançada por comprar, por exemplo, um carro que queríamos muito não dura mais que um mês. Passado esse tempo, aquilo não tem mais importância... E é verdade! Isso foi medido.

BEL

Segundo as pesquisas do neurofisiologista Richard Davidson, as pessoas com mais atividade geral no hemisfério esquerdo do cérebro – área responsável pelo pensamento lógico, linguagem, concentração, abstração, consciência e aprendizado – possuem um estado de espírito mais positivo, ao passo que as pessoas com mais atividade no hemisfério direito – área responsável pelo pensamento simbólico e criatividade – revelam um ânimo mais negativo.

Outra importante descoberta de suas pesquisas é que os bebês já nascem com a predisposição de ter um lado do cérebro mais ativo que o outro, ou seja, já nascemos com uma predisposição para sermos mais alegres ou mais tristes![25]

DR. SERGIO

Há alguns anos pesquisas sugeriam que as emoções desagradáveis, como vergonha e culpa, são processadas do lado direito e as agradáveis e espontâneas do lado esquerdo, mas atualmente, com o advento da RNM funcional (ressonância nuclear magnética), é possível localizar com mais precisão os centros neuronais dentro do cérebro responsáveis pelas emoções, inclusive as mais complexas.[26]

A grosso modo podemos dizer que as áreas mais envolvidas nesses processos mentais são: o hipocampo (área de memória), a amígdala cerebral (emoções básicas) e principalmente o córtex pré-frontal (área de associação).

BEL

Teria então esse estado basal de felicidade a ver com a genética de cada um?

---

[25] Saiba mais: http://psyphz.psych.wisc.edu/web/pubs/2004/Asymmetries_emotion.pdf;
http://psyphz.psych.wisc.edu/web/pubs/2009/OlerSerotoninTransJNeuro.pdf.
http://psyphz.psych.wisc.edu/web/pubs/2009/LightEmpathyChDev.pdf;
[26] Saiba mais: http://pesquisa.bvsalud.org/regional/resources/mdl-15528097.

Dr. Sergio

Hoje já é sabido que a capacidade de sentir-se feliz tem 50% de influência genética. Mas, veja bem, não existem comportamentos que são totalmente programados geneticamente . Os genes moldam o padrão de resposta ao ambiente. Há pessoas que possuem maior capacidade de produção dos fatores de crescimento, como o BDNF (em inglês, *brain-derived neurotrophic factor*, ou fator neurotrófico derivado do cérebro), que garante a capacidade de adaptação do hipocampo às situações desafiadoras do dia a dia. Então, as pessoas que têm depressão crônica possuem uma genética frágil, por isso têm menos condições de manter o seu hipocampo saudável.[27]

Lama Michel Rinpoche

Como a felicidade é pesquisada cientificamente?

Dr. Sergio

A questão da felicidade atualmente é estudada pela ciência pelo prisma da saúde pública. Para medir o índice de felicidade dos indivíduos é utilizada uma escala denominada de *subjetive well being* (bem-estar subjetivo).

Essa escala foi utilizada para a avaliação de diversos seguimentos da população. Algumas das características psicológicas das pessoas com melhores índices de bem-estar subjetivo são: ter uma boa aceitação da realidade tal como ela se apresenta, ter um objetivo de vida e um bom grau de autoconhecimento.

Bel

Creio que felicidade é sentir-se vivo; é o valor que damos para a vida. *Viver* aqui não se trata apenas de *cumprir tarefas*, mas de estar conectado ao que elas representam. Por exemplo, eu posso sentir felicidade ao fazer o almoço todos os dias, porque para mim essa é uma forma de expressar o amor que eu tenho pela minha família. Já simplesmente cozinhar mecanicamente, apenas como mais uma tarefa, pode até gerar bem-estar, mas não felicidade.

Lama Michel Rinpoche

A questão é que, se não definirmos o que é *bem-estar*, se não tivermos clareza do que estamos buscando, podemos procurá-lo no lugar errado. Todas as nossas ações visam à felicidade, só que, quando são guiadas por nossa ignorância, não nos levam ao objetivo.

---

[27] Saiba mais: http://mood.stanford.edu/docs120610/Mata_BDNF_2010.pdf.

Todos nós procuramos um estado de bem-estar estável. Mas, enquanto o buscarmos no desenvolvimento material, nos prazeres sensoriais e na nossa própria autoimagem, ele será sempre momentâneo.

Foi feito um estudo pela ONU sobre o quanto o bem-estar material pode garantir estados de felicidade. Chegou-se à conclusão de que há um patamar abaixo do qual se sofre mais, e acima do qual se sofre menos. Qual é esse patamar? Ter o que comer, um lugar seguro onde viver e condições de cuidar da própria saúde. Além disso, não importa quanto mais se possa ter, pois o estado de felicidade não aumenta por isso. Só que, apesar de sabermos desde crianças que a felicidade material é momentânea, passamos a vida "trocando de brinquedo". O problema, porém, não está nos brinquedos, mas na brincadeira!

Não há nada de errado em ter bens materiais, mas sim em investir nossa vida em buscar a felicidade por meio deles, pois isso eles não podem oferecer. O problema não está no dinheiro, mas em considerá-lo o objetivo final.

Quando projetamos nosso bem-estar, nossa felicidade, no desenvolvimento material, estamos perdidos, porque não importa quanto possamos conseguir: nunca será o bastante para gerar a estabilidade que buscamos. Essa é uma realidade simples.

O mesmo ocorre com os prazeres sensoriais. Eles duram pouco e por isso estamos sempre em busca de mais. E quanto mais desenvolvemos o nosso gosto por eles, mais exigentes ficamos. Chegamos a pagar preços exorbitantes por eles! Como é o caso, por exemplo, dos apreciadores de vinho, quanto mais conhecem do assunto, menos são capazes de se satisfazer com qualquer safra. E o problema não está em conhecer vinhos, ou buscar prazeres sensoriais. Não há nada de errado com isso.

O problema está no fato de acreditarmos poder obter uma felicidade estável com isso. O resultado da satisfação sensorial é a insatisfação emocional. Acabou? Quero mais! Ou pelo menos quero manter o mesmo nível de satisfação.

Encontrar os meios de obter prazer é sempre bom. O problema está em acharmos que a felicidade está na obtenção do prazer em si. A pergunta que devemos nos fazer é: "Onde estou investindo energia para o meu bem-estar?".

O principal fator que irá determinar nosso bem-estar é nossa capacidade de reconhecer a satisfação interna.

Em tibetano, *Tchog She* quer dizer *satisfação*. Significa não querer mais do que se tem, por reconhecer que já é o bastante. Não porque não podemos obter mais, mas porque o que temos é o suficiente.

Duchung quer dizer *pequeno desejo* e *Tchog She*, *satisfação*. Eles caminham sempre juntos. Uma coisa é estar satisfeito com o que se tem; outra coisa é reconhecer o que se tem como o bastante.

Para certas situações, é importante estar satisfeito; já para outras, não. Por exemplo, ter *Tchog She* em relação ao nosso desenvolvimento interior irá nos limitar. Temos de estar satisfeitos em relação àquilo que não pode sustentar nossa felicidade, mas em relação ao nosso desenvolvimento interior, podemos sempre querer melhorar.

Um dos aspectos para realizar a satisfação é deixar de se comparar com os outros. Em geral, o simples fato de nos compararmos com quem tem mais que nós já gera a sensação de insatisfação.

Outro aspecto que nos impede de ter satisfação é o apego. Ele gera um sofrimento enorme, porque leva à aversão, ao ódio. Um exemplo qualquer: a água. Quando estou com sede e consigo água, considero que ela é maravilhosa, e quero poder bebê-la toda. E então, se noto que não há muita água à minha volta e vem vindo uma pessoa com sede em minha direção, o que eu faço? Escondo a água. Conforme a pessoa se aproxima, e quanto mais eu acho que ela vai querer a minha água, maior é a sensação de aversão em relação a ela. Da aversão nasce o conflito. Que é o oposto do bem-estar. Então, se a água era uma fonte de bem-estar, agora ela já está gerando conflito. Se a pessoa de fato quiser minha água, esse conflito pode chegar a virar uma briga violenta. Quantas vezes um conflito gerado pelo medo de perder algo é muito maior do que o prazer que obtemos com o objeto ao qual estamos apegados! Por isso, o prazer de dar e compartilhar é maior do que o de ter.

Mas o ponto é que hoje em dia não obtemos as coisas porque precisamos delas ou não, mas porque queremos ou não. *Eu quero* não tem fim, não tem limite, se não entendermos que a satisfação é a maior riqueza. Ela está em nossas mãos. Podemos relaxar...

Dr. Sergio

Então, podemos concluir que a felicidade é um estado de ser. Já o prazer é um "estar" passageiro.

Bel

Na realidade, podemos concluir que o prazer e a felicidade são experiências distintas. Enquanto o prazer depende do contato direto com um objeto prazeroso, a felicidade é um estado de equilíbrio emocional que independe da presença desse objeto. Outra questão que os diferencia é que o prazer provoca a necessidade de repetir a ação, a ponto de nos desequilibrar. Já a felicidade é um estado baseado no equilíbrio, portanto não há como nos desarmonizar.

Assim como Lama Michel disse, o problema está em não reconhecermos a satisfação; e não no ato em si de sentir prazer. Nesse sentido, eu diria que, para sentir o prazer saudável, é preciso primeiro conhecer a felicidade!

Capítulo 31
Não é possível gerar felicidade artificialmente

Com Lama Michel Rinpoche

Lama Michel Rinpoche

Dr. Sergio, seria possível dizer que existe algo como uma "química da felicidade"?

Dr. Sergio

Na realidade, não há na ciência um parâmetro químico do que é felicidade, mas são conhecidos os estados químicos que geram a infelicidade. Na minha opinião, a felicidade está ligada a uma boa conexão com a realidade e a um bom nível de consciência. As pessoas com menos capacidade de fazer essa adaptação vivem numa espécie de estresse crônico causado pela tentativa constante de entender o que está acontecendo com suas vidas.

Bel

O ser humano está sempre atrás de uma fórmula da felicidade! E a ciência moderna tenta encontrá-la, como se fosse possível obter a felicidade por algum meio artificial, externo. É interessante esclarecer isso ou pode parecer que é possível separar como a pessoa se sente de como ela vive. Aliás, eu creio que esta é a ideia que se tem dos antidepressivos: de que eles podem gerar a felicidade, fazendo que a pessoa se sinta feliz mesmo estando com a vida de ponta-cabeça.

Dr. Sergio

É verdade. Quantas pessoas vêm ao consultório buscando Prozac como o "remedinho da felicidade"? Muitas! O Prozac pode proporcionar uma sensação de bem-estar subjetivo por um certo período mas, como já conversamos, isso é apenas parte da felicidade. A Bel e eu já conversamos várias vezes sobre essa ideia errônea do Prozac gerar felicidade.

Na prática, o que vejo no consultório é bem diferente: constato que as pessoas que costumam se considerar infelizes tendem a continuar se descrevendo desse modo, mesmo que, quimicamente falando, melhorem.

Lama Michel Rinpoche

Ou seja, podemos descrever qual o estado químico de uma pessoa que está feliz, mas gerar artificialmente esse estado químico numa pessoa não garante que ela seja feliz.

Dr. Sergio

Sim. Veja bem, podemos pensar que talvez algumas pessoas tenham uma estrutura feliz, mas sejam infelizes por falta de alguma substância.

Quando uma pessoa que em geral considera-se feliz passa a se queixar de um estado de infelicidade sem uma causa aparente, ajustar a sua química pode permitir que ela acesse seu grau natural de felicidade. Por outro lado, é fato que muitas pessoas deprimidas, mesmo tendo sua necessidade química satisfeita, continuam infelizes. Elas veem melhora em alguns aspectos, mas continuam sentindo que não estão bem. Esse é o grande desafio.

Bel

Creio que esse é um desafio coletivo. A vida agitada nas cidades grandes está nos levando a uma forte sensação de isolamento. Nos sentimos desconectados um dos outros na medida em que não temos empatia e prazer em realizar metas conjuntas.

Lama Michel Rinpoche

O problema é que vivemos numa sociedade na qual há cada vez menos confiança nos outros. Nossa cultura está baseada na utopia materialista, acreditando que é possível ser feliz de verdade unicamente pelo desenvolvimento material. Por isso, os valores morais estão se perdendo.

Hoje em dia é comum ver as pessoas agindo de modo individualista. O importante é ter aquilo que se quer, e quando se quer. Pouco importa o outro estar sofrendo.

Bel

Estudos epidemiológicos que avaliaram a felicidade em populações mostram que os principais indicadores de bem-estar encontram-se na qualidade da convivência interpessoal, ou seja, na capacidade de sentir confiança mútua e ser solidário. Essas características independem do nível sociocultural e econômico.

Lama Michel Rinpoche

Na verdade, quanto mais feliz você for, mais vontade terá de interagir com os outros. O fato de você ser feliz não quer dizer que não queira mais ver os problemas nem ter contato com o mundo, aliás, é exatamente o contrário!

Bel

Uma coisa é eu não estar em conflito com as situações; outra, bastante diferente, é eu fazer de conta que elas não existem.

Lama Michel Rinpoche

Dentro do que podemos chamar de felicidade existe um aspecto muito importante, que eu chamo de *aceitação*.

Aceitação não é submeter-se, achando que está tudo bem... Mas reconhecer que os problemas existem sem se debater contra eles. Aceitar a situação na qual vivemos é o primeiro passo para colocar a nossa energia na solução dos problemas.

O fato é que de nada adianta "espernear", culpar as pessoas ou as situações, buscar mil razões para justificar o problema... Se há um problema e eu não sei como solucioná-lo, tenho de simplesmente olhar para ele e dizer: "Muito bem, eu estou aqui...".

Bel

Ou seja, quando não ficamos presos na indignação, podemos aos poucos olhar as coisas como estão, sem deixar que elas nos desequilibrem tanto.

Lama Michel Rinpoche

Com certeza. É preciso antes de mais nada entender que estar bem consigo mesmo e com o mundo não significa não ter nenhum problema ou viver em um mundo perfeito. Problemas existem e *sempre* existirão; o mundo não é, e nunca será, perfeito. Eu poderia fazer uma longa lista das coisas que gostaria que fossem diferentes neste momento, mas isso não significa que eu tenha de estar necessariamente em conflito com elas. Se não entendermos isso, acabaremos idealizando demais a felicidade, achando que para sermos felizes tudo terá de estar perfeito. Mas esse lugar perfeito não existe. Essa vida perfeita nao existe.

Ao afirmar que a felicidade é um estado no qual a pessoa não deseja que nada seja diferente daquilo que ela está vivendo, não quis dizer que há um estado perfeito à sua volta, mas que ela está em harmonia com a realidade à sua volta.

Dr. Sergio

É interessante você falar isso. Pelo que eu entendo, a filosofia do Budismo propõe um estado de perfeição, no qual Buddha conseguiu chegar, e eu imaginava que os monges, teoricamente, também deveriam viver nesse estado.

Lama Michel Rinpoche

É o objetivo no qual se quer chegar – viver em um estado de equilíbrio. O que acontece é que no Ocidente – e, às vezes, mesmo no Oriente – acaba-se idealizando o monastério como um lugar onde tudo é perfeito. Uma vez estando lá, todos serão felizes... Mas, na verdade, o monastério (e eu já estive em muitos) é igual a qualquer lugar. Existe ciúme, inveja, orgulho, avareza, arrogância, luta pelo poder, desejo, raiva, rancor, vingança e assim por diante... O ser humano é igual; muda a roupa, o contexto, mas o ser humano é sempre o mesmo.

A diferença é que nos monastérios todos têm o mesmo objetivo: chegar a um estado de equilíbrio, no qual essas atitudes mentais negativas são vistas como atitudes não saudáveis, apesar de existirem naturalmente. Mesmo assim, algumas pessoas conseguem lidar melhor com elas, e outras não. Depende do esforço e da sinceridade de cada um.

No caminho espiritual, é extremamente importante a sinceridade consigo mesmo a respeito dos próprios limites. Não adianta idealizar a felicidade, pensando: "Quando tal coisa acontecer, serei feliz.", "Quando eu estiver no monastério...", "Quando eu não tiver de me preocupar com dinheiro...", "Quando eu tiver prazeres sensoriais de todos os tipos...", "Quando a família estiver do jeito que eu quero..." etc. Se imaginamos que as condições para sermos felizes estão fora de nós, mesmo que consigamos satisfazer todas elas, não estaremos felizes. Porque a ideia de felicidade baseada nos bens materiais, nos prazeres sensoriais e na própria imagem é uma ilusão.

Sempre haverá algum problema que não estava previsto. Aquilo que no começo era maravilhoso, depois, deixa de ser tão bom. Então, temos de mudar nossa ideia sobre o que é realmente felicidade.

Bel

Pois é, em nossa sociedade capitalista estamos condicionados a *buscar* a felicidade, pois não tivemos uma educação não formal sobre as emoções que nos ensinasse a reconhecê-la, ou seja, a encontrá-la!

Capítulo 32
A diferença entre satisfação e prazer

Bel

Muitas vezes a felicidade é confundida com um estado de satisfação tão plena que levaria a pessoa a se tornar superficial e alienada do mundo. Há pouco eu vi uma reportagem na TV sobre a serotonina e os antidepressivos. Nela o indivíduo que faz uso dessa substância era retratado como um homem sentado, "feliz" diante da televisão, que quando sua mulher lhe fala de um problema, ele, sempre sorrindo como um bobo, responde: "Ah! Deixa isso pra lá...", mantendo uma postura presumidamente tranquila. A ideia que o programa passou foi que ser feliz é não ligar para os problemas; não se importar com nada...

Dr. Sergio

Como já conversamos com Lama Michel esse estado de felicidade artificial é doentio. Como ele mesmo disse, quanto mais feliz você for, mais vontade terá de interagir com os outros.

Mas vale a pena esclarecer que a serotonina nos dá satisfação, e não prazer. O *marketing* usa a ideia de que a serotonina é a droga do prazer. "Ah, eu estou precisando ter mais prazer; eu preciso de serotonina." Isso está errado.

Se uma pessoa equilibrada usar antidepressivos, vai se sentir estranhamente passiva e acabar depressiva. Vejo isso diariamente em pacientes que fizeram uso de remédios para emagrecer – que são, na verdade, em sua maioria, antidepressivos.

Bel

Seria muito importante esclarecer as diferenças entre satisfação e prazer enquanto expressão de felicidade.

Dr. Sergio

Quimicamente falando, a dopamina é o neurotransmissor responsável pela sensação do prazer mais intenso, ao passo que a serotonina é a química da satisfação, da sensação de harmonia. Quando estamos com fome e comemos, imediatamente temos a sensação de satisfação causada pelo fato de estarmos saciados (liberação de serotonina). Mas quando comemos, por exemplo, um chocolate, apenas porque gostamos muito do sabor, sentimos imediatamente o prazer de estar comendo aquele alimento (liberação de dopamina), portanto não se trata mais de se sentir ou não saciado.

É interessante porque, no geral, a ativação dos sistemas de neurotransmissão das três monoaminas que agem no cérebro (noradrenalina, serotonina e dopamina) gera sensação de prazer e bem-estar. De certa forma, quase tudo o que fazemos é para ativar esses sistemas: comer, nos relacionarmos social ou sexualmente, fumar, praticar esportes, ter *hobbies* e mesmo manter comportamentos típicos que podem estar associados à sensação de prazer. Por exemplo, uma pessoa que tem prazer inconsciente em maltratar o cônjuge acaba se viciando nesse comportamento.

Cada neurotransmissor tem uma ação preponderante. A *serotonina* proporciona uma satisfação como a que temos ao acabar de comer; a *noradrenalina* dá a sensação de motivação, atenção, confiança; e a *dopamina* promove o prazer em sua forma mais pura, como o de um viciado que acabou de ingerir sua dose de droga.

BEL

No dia a dia, fazemos muitas coisas que nos deixam bem, mas isso não quer dizer que elas nos deem prazer... Eu diria que é algo como "uma vida sem sabor": está tudo certo, mas falta o deleite...

DR. SERGIO

Exatamente, uma coisa é satisfazer as nossas necessidades básicas; outra coisa é sentir prazer. De certa forma a satisfação vem antes do prazer. Isso explica porque pode ser tão frustrante ter uma relação sexual durante um período de jejum! Se a pessoa não tem suas necessidades básicas atendidas, fica difícil obter prazer.

Quando se fala de satisfação, pensa-se sempre na serotonina, que possui uma ampla gama de ações no organismo. Ela atua tanto na satisfação pessoal como no comportamento social.

BEL

Então podemos dizer que uma pessoa com serotonina baixa está "desencaixada". Ela está desajustada consigo mesma, pois está sem eixo, sem base de sustentação interna.

DR. SERGIO

Exatamente, porque ela não está com as suas necessidades básicas bem atendidas.

BEL

Você quer dizer que ela se sente incompleta, na falta, carente...

DR. SERGIO

Pois é, veja bem: em geral, a mulher, por questões hormonais, tem a serotonina mais baixa que o homem. Por isso ela se sente mais facilmente carente, o que aumenta a tendência à depressão. Tanto que uma em cada quatro mulheres adultas toma antidepressivos.

Assim como o homem, no geral, tem a dopamina mais baixa que a mulher, o que acarreta com mais frequência um quadro de hiperatividade – que ocorre na proporção de sete homens para uma mulher. Em compensação, a mulher não precisa fazer muita "estripulia" para ter prazer...

BEL

Você quer dizer que ela consegue obter mais prazer com as pequenas coisas do que o homem? Ou seja, não necessitaria de acontecimentos mais grandiosos para sentir prazer.

DR. SERGIO

Exatamente. O homem está sempre em busca de estímulos para aumentar a sua dopamina, que é naturalmente mais baixa do que a da mulher. O hiperativo tem a dopamina baixa, por isso precisa fazer várias coisas ao mesmo tempo para sentir prazer.

BEL

O homem está internamente mais vulnerável na sua busca incessante de prazer imediato.

DR. SERGIO

Por isso ele é mais suscetível ao vício que a mulher. É maior o número de homens viciados, seja em cocaína, no álcool ou no sexo.

BEL

A mulher, em geral, sofre mais da sensação de inadequação, de fragilidade, de suscetibilidade. Por isso ela busca mais o autoconhecimento, porque ela precisa se dedicar mais para manter o seu equilíbrio interno.

DR. SERGIO

É verdade. O homem, como tem mais serotonina, possui mais condições de suportar o estresse a longo prazo.

BEL

Enquanto a mulher está mais voltada para se sentir acolhida, assegurada, o homem está mais voltado para sentir prazer. Em outras palavras, estamos reafirmando que prazer e satisfação são experiências distintas.

Ou seja, eu posso obter muito prazer com algo que não me satisfaz, isto é, que não me acalma. Então, mesmo gostando da experiência, acabo sentindo ansiedade. Essa situação é bem ilustrada por um ditado budista que diz: "Os prazeres sensoriais são como lamber mel numa faca afiada". O prazer que não gera satisfação é permeado de desconforto...

DR. SERGIO

Em geral, busca-se demais o prazer porque não se consegue senti-lo em sua plenitude.

BEL

Explique melhor.

DR. SERGIO

Existe uma área no cérebro chamada núcleo *accumbens*, que, quando estimulada, dá a sensação do prazer total, da gratificação, do prazer físico mesmo. Existem muitas pesquisas a esse respeito.

BEL

Você está se referindo àquela pesquisa dos anos 1960 na qual estimulavam eletronicamente o núcleo *accumbens* no cérebro dos ratos, o que fazia eles terem prazer incessante ao acionar uma alavanca?

DR. SERGIO

Essa mesmo.

BEL

O problema é que como eles não conseguiam parar de acionar a alavanca, porque necessitavam repetir a sensação de prazer, deixavam de se alimentar até morrerem de inanição!

DR. SERGIO

Veja bem, as drogas dopaminérgicas como cocaína, *crack* e cigarro fazem a mesma coisa. Elas bombardeiam o núcleo *accumbens*, uma vez que a dopamina é o ativador desse núcleo.

Quanto mais forte o prazer, maior a ativação de dopamina nesse núcleo. Mas quando se repete muito um comportamento prazeroso, ou o uso de uma droga, a ação da dopamina rapidamente se esgota, se esvazia. A pessoa se sente mal e precisa repetir com mais frequência o estímulo externo, para manter minimamente os níveis de dopamina anteriormente atingidos.

BEL

Agora, voltando ao que você disse sobre atingir o "prazer em sua plenitude". Creio que quando estamos estressados, temos dificuldade até para *sentir* literalmente a felicidade. Aqui eu não me refiro a um estresse momentâneo, mas àquele estresse acumulado. Notei isso recentemente durante a viagem de dois meses que fiz para a Índia acompanhando as gravações do documentário de Lama Michel sobre a linhagem espiritual.

No início da viagem eu estava feliz por estar lá, mas ainda me sentia sobrecarregada pela tensão acumulada do estresse da vida em São Paulo. Conforme fui relaxando, notei uma mudança sutil, mas significativa: minha capacidade de me sentir feliz havia aumentado! Parece óbvio, mas não é. Notei essa diferença dia após dia. Agora, de novo em São Paulo, noto a tensão querendo se reinstalar... Como é sutil o desequilíbrio do estresse!

DR. SERGIO

Sem dúvida, o estresse é mesmo sutil. No geral, as viagens são um importante fator de diminuição dos hormônios do estresse que tendem a ser liberados em grande quantidade na luta diária pela sobrevivência.

O prazer de conhecer novas paisagens, de viver novas sensações é o melhor estímulo para liberar dopamina, e permitir sentir o prazer na sua plenitude.

A vantagem de uma viagem como a sua é que você passou o tempo necessário para desativar o eixo de estresse, que geralmente mantemos ativado no nosso local original. Ou seja, você teve todas as condições para ser muito feliz, mas, quando você volta, a luta recomeça...

Capítulo 33
A hiperatividade: uma busca constante por novidade

Dr. Sergio

Tudo é uma questão de equilíbrio. Veja bem, se o paciente supostamente tiver a serotonina baixa e a dopamina alta demais, os sintomas serão predominantemente de "paranoia", fazendo-o achar que está sendo constantemente observado, que o mundo é culpado por todas as mazelas de sua vida. Esse é o depressivo ansioso. Mas, se uma pessoa viver em um estado quimicamente oposto a esse, possivelmente estaremos diante de um sintoma de hiperatividade.

Bel

Mas a hiperatividade é um sintoma ou uma disfunção?

Dr. Sergio

Essa pergunta é interessante. Veja bem, um grande número das chamadas doenças psíquicas, particularmente o distúrbio de atenção e a hiperatividade, são na realidade estados psíquicos adaptativos aos desafios do ambiente.

Pode ser que em algum momento da história da humanidade, ser um hiperativo fosse uma vantagem em termos de sobrevivência, mas hoje esse modo de ser traz desvantagens para o indivíduo em termos de convívio social.

A hiperatividade faz parte, em menor ou maior grau, do distúrbio de atenção, mas não é um sintoma exclusivo dessa síndrome. Ela também pode ser um dos sintomas preponderantes nos estados de mania ou nos distúrbios afetivos de ansiedade.

Bel

Hiperatividade e DDA (distúrbio do déficit de atenção) afinal são a mesma coisa?

Dr. Sergio

Hiperatividade é um jeito simplificado de falar de DDA.

BEL

Mas me parece que existe alguma diferença entre o hiperativo e a pessoa com DDA...

DR. SERGIO

A pessoa hiperativa tem uma certa dificuldade quanto a questão do prazer. Ela passa por períodos em que tem verdadeira fixação por algo de que gosta, mas logo enjoa e sente necessidade de mudar de objeto de prazer. Por exemplo: ela adora computadores; dali a pouco, aquilo perdeu o interesse e ela só quer saber de jogar futebol (e então vem aquela fase em que tem todas as camisetas do clube!); em pouco tempo, já é o tênis que passou a ser seu esporte preferido; passado um período, ela está farta dessa nova atividade; e assim por diante. O hiperativo não consegue manter uma constância em sua vida. Alguns deles sofrem permanentemente com o tédio.

Já a pessoa com DDA tem dificuldade de concentrar-se, de seguir regras e instruções, dificilmente termina o que começa, tende a ser desorganizada. Ela tem muita dificuldade de prestar atenção nos pequenos detalhes do dia a dia, por isso perde frequentemente chaves, celulares, documentos, esquece datas importantes, compromissos e tarefas e acaba em conflito com as pessoas que a cercam.

De fato, desatenção e hiperatividade andam de certa forma juntas, mas há quem tenha uma "pitada" maior de uma ou de outra.

BEL

Já ouvi você comentar abertamente que é um hiperativo. O que observo é que você é capaz de fazer muitas coisas diferentes, está sempre aberto para olhar o novo. De fato, possui um jeito agitado, mas noto constância nas suas atividades...

DR. SERGIO

Já me considerei com DDA, hoje tenho dúvidas, exatamente por ter constância nas atividades que faço.

Sabe, existem teorias de que o DDA seria na verdade um estado resultante do excessivo bombardeio de informações a que somos submetidos hoje em dia. Pessoalmente acredito que o DDA é uma resultante de diversos fatores que agem nas pessoas em maior ou menor grau. Entre eles destaco a configuração hormonal, o estilo de vida e a genética de cada um. Mas, no meu caso, por via das dúvidas, faço tratamento para manter meu sistema dopaminérgico mais ativo por meio da selegilina, uma substância poupadora da dopamina que age tanto sobre a capacidade de concentração e de prazer, como no sistema hormonal.

BEL

A hiperatividade pode ser um dom? Muitos artistas, inventores e desbravadores famosos são reconhecidos como hiperativos: Leonardo da Vinci; Beethoven; o inventor do telefone, Graham Bell; Cristóvão Colombo...

DR. SERGIO

A hiperatividade não é um atributo de gênios. Ela pode estar presente tanto nos gênios quanto nos deficientes intelectuais. Pessoalmente acredito que os gênios sempre terão algum grau de hiperatividade, porque de certa forma eles não se satisfazem com o que está dado, estão sempre em busca de novas descobertas, de algo que dê sentido para a sua vida.

BEL

Essa questão da hiperatividade parece bem polêmica. Já li várias críticas a respeito do modo de encarar e tratar esse quadro.

DR. SERGIO

Como já disse, a hiperatividade possivelmente, em alguma época da história evolutiva do ser humano, foi uma vantagem, e, por isso, ela possui um padrão genético dominante. Numa época em que tínhamos uma vida selvagem, quem era mais ágil, agressivo, ousado e criativo sobrevivia mais tempo.

Hoje, quem é assim sofre desvantagens. Essas qualidades deixaram de ser desejáveis, pois é mais importante adaptar-se do que se impor ao sistema.

A polêmica se dá em torno da inclusão das características do DDA como doença. Os defensores dessa posição baseiam-se na pesquisa dos padrões cerebrais próprios do funcionamento do DDA que demonstra a existência de uma disfunção do córtex pré-frontal, geneticamente herdada.

Nesses casos, o que ocorre é que quando o sujeito começa a se concentrar em algo, a atividade desta área, em vez de aumentar, diminuiu por causa de uma deficiência no sistema dopaminérgico. Por isso, quanto mais o hiperativo tenta se concentrar, mais se atrapalha. Portanto, para manter as atividades que requerem mais concentração, ele precisa ser medicado.

BEL

Esse não seria o gene de um líder nato?

DR. SERGIO

Bom, isso é difícil de responder, pois o assunto é complexo. A hiperatividade é associada a um perfil hormonal com predomínio dos androgênios (hormônios masculinizantes), o que por si só também está associado a uma postura mais agressiva e dominadora sobre a sociedade, de modo que ambos os fatores podem estar juntos de algum modo ainda não bem esclarecido.

BEL

Você diria que o hiperativo tem dificuldade de prever as consequências de seus atos, por ser mais imediatista? É como se ele não tivesse "memória do futuro"?

DR. SERGIO

Sim, é assim mesmo. E o mais interessante é que esses comportamentos servem para compensar a deficiência de energia que os hiperativos têm!

BEL

Pois é, parece paradoxal pensar que os hiperativos sofrem de falta de energia...

DR. SERGIO

De fato, pode parecer bastante paradoxal, mas o hiperativo sofre basicamente de falta de ativação das catecolaminas – sendo as principais, como dissemos, a dopamina e a noradrenalina. A deficiência da primeira é responsável pelos sintomas ligados à necessidade de prazer, e a falta da segunda está associada à incapacidade de prestar atenção. Como vimos, essas substâncias estão envolvidas em vários processos físicos e mentais – como a capacidade de manter a concentração, de sentir prazer com as pequenas coisas do dia a dia, de tolerar frustrações, de ter paciência para esperar alcançar um objetivo.

Isso explica também por que o tratamento é feito basicamente com drogas de efeito excitante sobre o sistema nervoso central, tais como as anfetaminas e os antidepressivos liberadores de catecolaminas.

BEL

Então o hiperativo sente-se sempre descontente porque não gera dopamina suficientemente...

DR. SERGIO

Isso mesmo. Veja bem: nós, seres humanos, precisamos liberar dopamina no nosso dia a dia, tendo pequenos prazeres; caso contrário nos sentimos como numa prisão. Ou seja, o prazer é uma necessidade fisiológica e não um luxo para o ser humano.

BEL

Arriscar-se, sentir "frio na barriga", gera dopamina?

Dr. Sergio

Claro. Os desafios podem liberar dopamina e, consequentemente, serem fonte de prazer. Vide as notícias quase diárias de feitos perigosos praticados por aí, como pular de paraquedas de prédios ou pontes, sobrevoar oceanos num pequeno avião etc. Essas pessoas são viciadas em perigo, porque devem ter alguma dificuldade em liberar a dopamina com coisas mais comuns e tentam pautar suas vidas na busca de grandes desafios.

Cada pessoa associa de um modo particular alguns comportamentos com o prazer. Por vezes, essa associação é feita de forma automática, sem que a pessoa perceba, mas podemos observar a tendência a repetir certos padrões de comportamento de modo quase compulsivo, como se estivessem viciadas neles.

Bel

Algumas pessoas são "viciadas" em manter-se conectadas a tudo e a todos...

Dr. Sergio

Isso é interessante. É assim: a pessoa com DDA não aceita a rejeição. Ela tem de ser amada o tempo todo, por todo mundo. Essa é sua maior dificuldade. Por isso, ela é aquele tipo de pessoa que nunca desliga o celular, porque morre de medo de não falar com alguém que a esteja procurando...

Bel

Afinal ela se sente vulnerável se fica desconectada do mundo que a estimula, quer dizer, que a ajuda a formar dopamina. A necessidade de sentir-se incluída, assim como a de correr riscos, é própria da adolescência...

Dr. Sergio

Sim, é um comportamento mais ligado ao jovem ou a pessoas que querem se reafirmar como jovens. Veja, quando se está no auge dos hormônios sexuais, o comportamento tende a ser mais parecido com o dos hiperativos. Principalmente em rapazes, que, possivelmente, têm grandes quantidades de testosterona circulando e agindo no organismo.

Bel

E quando a mulher é hiperativa?

Dr. Sergio

A mulher hiperativa é interessante. Ela é "disfarçada"; não tem esses sintomas muito claros. Essas mulheres confundem hiperatividade com ansiedade e tendem a se conter... Em geral, eu percebo pela perninha que começa a sacudir. Ela pode estar impassível, mas a perna está ali, mexendo. Eu falo: "Você é ansiosa, né?". E ela: "Sou, como você sabe?!".

Não há muitas mulheres hiperativas, mas acho que esse índice está aumentando bastante. Em geral, o que acontece? A mulher senta e presta atenção, olha pro teu rosto. Você sente que ela está olhando para você. A mulher escapa mais facilmente da hiperatividade. Isso acontece porque além de ter baixos níveis de androgênios, ela também tem a progesterona, que dá uma acalmada. Mas na TPM, quando a progesterona diminui, a hiperatividade aumenta, ou seja, a ansiedade aumenta. Então a mulher oscila nesse ponto. Hoje, boa parte das mulheres está com baixa progesterona porque come muito carboidrato.

Bel

Explique mais.

Dr. Sergio

É assim: o carboidrato faz a insulina subir. Insulina alta é igual a verão. Verão, época de reproduzir, o que faz naturalmente a testosterona subir, para você ter agressividade e sexualidade suficientes para a reprodução.

Bel

Então comer muito carboidrato passa para o corpo a mensagem de que o tempo todo é verão...

Dr. Sergio

Isso mesmo. Teoricamente, no inverno, acaba a comida, e tudo volta ao normal. Esse seria o ciclo. Só que não é isso que acontece, continuamos a comer, certo? E se a mulher fica comendo, comendo... Come batata, arroz, pizza, milho... ela fica com a insulina lá em cima, o que faz a testosterona subir. Mas, veja bem, o cérebro feminino não aguenta tanta testosterona.

As mulheres estão ficando hiperativas em certos períodos, por excesso de testosterona. Podemos dizer que a grande revolução feminina que levou a mulher a hoje em dia "fazer e acontecer" se deve ao excesso de carboidrato, que mudou todo o seu perfil. A mulher passou a ser mais hiperativa, mais masculinizada, na minha opinião.

Bel

Você diria que as mulheres estão ficando androgenizadas?

Dr. Sergio

Sim, porque elas estão com excesso de hormônios sexuais. Veja bem, o problema está lá no início da nossa conversa sobre a influência do nosso estilo de vida sobre o ciclo circadiano. Em geral, pela natureza, os hormônios sexuais diminuem pela presença da melatonina quando anoitece, quando está escuro. Mas temos luz artificial o tempo todo, não é?

Eu sempre digo que não é bom para as meninas ficarem tanto tempo no computador, porque a claridade não permite que elas liberem melatonina. Mas o que acontece? Elas comem, bebem, vão para a balada e ficam até as cinco da manhã... Não dá outra: ficam hiperativas, ansiosas, cheias de espinhas, ovários policísticos... A mulher é um ser muito frágil e, em geral, não tem respeitado a sua condição. Você já reparou o que normalmente acontece quando uma mulher bebe demais? Ela cai em depressão e começa a chorar. Mulher não aguenta bebida, porque já tem pouca serotonina, e o álcool faz a serotonina cair.

Bel

A longo prazo, esse estilo de vida faz a pessoa envelhecer antes da hora. Por falar nisso, conforme a gente envelhece, parece ter menos necessidade de sair em busca de novidades, de se arriscar...

Dr. Sergio

Porque, com o envelhecimento, vamos perdendo dopamina. Veja bem, a saliência motivacional, quer dizer, a busca por novidade, é motivo para despertar a dopamina. Tudo que é hedonismo, a busca constante por prazer também. O hedonismo gera erotismo. Então, quando você vê uma moça bonita, libera a dopamina. Por isso os homens gostam de ficar sentados na beira da praia, vendo as moças passarem de biquíni e tal. E o interessante é que a dopamina também libera a testosterona. Você entendeu onde está o *link*? Você vê a moça bonita, libera a dopamina e a testosterona, e fala: "Opa!, vamos lá, ao trabalho". Isso é rápido, acontece na hora.

Bel

A dopamina é fundamental para sentir a vida com sabor...

Dr. Sergio

Sem saliência, quer dizer, sem novidade, a vida é um tédio. Quem não tem dopamina, ou tem pouco, está mal! Ela é superimportante inclusive para manter o sistema imunitário e o eixo endócrino funcionando. Eu tenho estudado bastante a questão da dopamina por esse aspecto.

Bel

O câncer também está ligado à falta de dopamina?

Dr. Sergio

Sim, sabe por quê? O câncer está ligado ao cortisol mais alto. É o estresse associado ao cortisol alto. O que faz o cortisol subir? Deficiência de dopamina. Se você não tem resposta da dopamina, você tem resposta de cortisol. A dopamina é um estimulante do sistema imunitário.

Bel

Agora, como tratar o DDA e a hiperatividade?

Dr. Sergio

Bom, como já falamos, a pessoa com distúrbio de atenção busca sempre um modo de estimular o funcionamento do sistema dopaminérgico e de se situar melhor no ambiente. Executar atividades que lhe dão prazer ou fugir da rotina parece ser um modo de autotratamento.

O tratamento médico clássico para o distúrbio de hiperatividade são as drogas liberadoras de dopamina, do tipo das anfetaminas. Porém o que o público em geral não sabe é que existem também antidepressivos que estimulam o sistema noradrenérgico e, por isso, funcionam bem nesses quadros.

Capítulo 34
A malnutrição desencadeia uma insatisfação crônica

Bel

No outro dia, Lama Michel comentou sobre uma pesquisa científica feita por um amigo dele em Oxford, na Inglaterra, na qual foi constatado que quando presos considerados violentos obtêm todos os dias a quantidade de vitaminas, proteínas e nutrientes determinada pelo Ministério da Saúde como o mínimo necessário ao organismo, a atitude violenta diminui em 30%. Você acha que essa pesquisa revela que o simples fato de cuidar da nutrição básica diminui a violência?

Dr. Sergio

A química cerebral tem muito a ver com questões de sobrevivência do indivíduo e da espécie. A violência é causada em boa parte pela deficiência de serotonina, tanto na espécie humana quanto nos animais.

A serotonina é importante no controle dos impulsos de agressividade, ao passo que a insulina e o colesterol são dois grandes estimuladores dela. E ambos estão relacionados com a alimentação.

O corpo funciona às vezes por mecanismos elementares, de modo que a equação é simples: com fome, você fica agressivo. A serotonina está diretamente associada à satisfação, e a comida é o grande liberador dessa substância. Se o indivíduo está com fome ou malnutrido, seu corpo sinaliza isso baixando a serotonina, a fim de que seja liberada a dose de agressividade necessária para "ir à luta" por alimento! Fala-se muito que a serotonina é a droga da felicidade, mas na verdade ela é a química da satisfação, e a primeira satisfação que temos é a de estar bem alimentado. A malnutrição desencadeia uma insatisfação crônica.

Muitos trabalhos científicos relacionam colesterol baixo ao pouco controle dos impulsos, como a dificuldade de controlar a agressividade.

O colesterol é um dos estimulantes da serotonina. Por exemplo, uma pessoa cuja alimentação seja muito pobre em proteínas e gordura tenderá a ter baixa serotonina. Podemos imaginar que uma alimentação pobre nessas substâncias pode desencadear ou piorar estados de agressividade.

Um exemplo claro é a anorexia nervosa: praticamente 100% dos pacientes com esse distúrbio sofrem de depressão. E o indivíduo deprimido – que é total ou parcialmente deficiente em serotonina – no fundo é um ser violento, destrutivo, capaz de se matar ou de matar alguém. Ele pode estar contido pelas regras sociais, mas é potencialmente capaz de cometer suicídio ou homicídios.

Bel

Então as pessoas muito magras tendencialmente têm baixa serotonina?

Dr. Sergio

Sim, se uma pessoa estiver muito magra, vai sofrer de baixa de leptina, que é liberada pelo tecido adiposo. Quando o indivíduo tem falta ou excesso de gordura, os níveis de leptina ficam alterados, o que pode comprometer a neurogênese hipocampal. Como mencionei anteriormente, o hipocampo recebe influência de vários hormônios ligados a questões alimentares. A anorexia é uma doença que causa profundas alterações no eixo de estresse, nos neurotransmissores e no hipocampo.

Bel

Nesse caso, o eixo da balança amígdala-hipocampo vai se desequilibrar. A amígdala vai ficar muito ativa, gerando ansiedade, e o hipocampo vai estar bloqueado causando baixa capacidade de pensar com clareza. E no caso dos obesos o que acontece?

Dr. Sergio

Os indivíduos obesos, apresentam um considerável aumento de leptina, em função do excesso de massa gorda, mas ela para de funcionar como anorexígeno, por causa da resistência que o organismo do obeso acaba gerando.

É interessante considerar que a serotonina também participa desse processo: parece que o aumento dos níveis de insulina, após uma farta refeição, libera a serotonina. A grosso modo, podemos dizer que os malnutridos carecem de serotonina, e os obesos tendem a ter mais serotonina do que o normal.

Bel

Lembra O Gordo e O Magro?

Dr. Sergio

Claro que sim! E suas personalidades e respostas diferentes diante das situações podem ser possivelmente explicadas a partir desse processo do organismo.

BEL

Estresse engorda?

DR. SERGIO

Sim, porque quando estamos estressados há um aumento do cortisol. Veja bem, primeiro, precisamos entender que o cortisol tem como função basicamente atender a alguns grandes desafios de nossos ancestrais: a escassez de alimentos, a necessidade de subitamente aumentar a capacidade de fuga ou luta e o risco de ferimentos corporais. Sua liberação ajuda a elevar a glicemia mesmo sem a ingestão de alimentos, a combater a dor e a inflamação dos ferimentos, além de comunicar ao cérebro a necessidade de armazenar comida – quando "a situação está difícil" –, o que é feito com o acúmulo de gordura, especialmente na região do abdômen.

O acionamento desse mecanismo gera o aumento do apetite para garantir a reposição dos estoques de energia que teoricamente foram gastos.

Mas o fato é que hoje em dia não enfrentamos mais a falta de alimentos; dificilmente temos necessidade de empreender fugas repentinas, situações de luta corporal tornaram-se raras e tampouco nos ferimos tão facilmente. Porém, nosso corpo não sabe disso e continua liberando cortisol de forma preventiva. Com o tempo, esse mecanismo vai, por sua vez, se desgastando, literalmente, se desregulando, o que na prática resulta num estado de não adaptação, levando o organismo a produzir respostas exageradas ou insuficientes em termos de liberação do cortisol.

BEL

Quando o cortisol está alto temos mais dificuldade em controlar a ansiedade. Compreendendo isso, fica mais fácil entender porque é tão difícil fazer regime quando estamos estressados, ou seja, quem quiser emagrecer com saúde terá de cuidar primeiro do estresse.

Capítulo 35
Quando falta algo para ser feliz

Bel

Quem não conhece a sensação de que lhe falta algo para ser feliz? Um sentimento de estar suspenso, à espera de poder se soltar e sentir um grande alívio. É como se nos faltasse uma longa expiração, capaz de nos relaxar a ponto de nos sentirmos profundamente enraizados, seguros em nosso mundo interior.

A descrição do sentimento de completude pode até mesmo parecer semelhante ao processo da morte. Afinal, não precisamos mais nos esforçar para ir atrás das coisas, podemos nos entregar e nos sentir completos, numa missão cumprida com final feliz. Escutei de um paciente que tentou se suicidar que essa era sua intenção – finalmente se entregar –, mas logo percebeu que as coisas não eram como ele imaginava... pois sua angústia continuava presente durante toda a sua tentativa de morrer.

A morte na tela do cinema muitas vezes é mostrada assim: após um longo suspiro, a pessoa morre como se entrasse suavemente num sono profundo, no qual, finalmente, estivesse em paz. Em nossa sociedade cristã, associamos a morte à paz eterna. Essa é uma visão que pode nos ajudar a aceitar a própria morte e a daqueles que amamos. Mas esse não é o ponto sobre o qual iremos nos apoiar nesta reflexão. Pois, para muitos, estar diante do processo de morte é uma vivência de entrega sofrida, na qual se soltar é uma experiência tão desconhecida quanto a de se sentir completo e satisfeito. Lama Gangchen Rinpoche certa vez nos falou sobre esse sentimento de incompletude:

> Frequentemente, sentimos falta de algo quase imperceptível, algo que não é mental, intelectual. Até mesmo nas situações privilegiadas, em que pensamos estar satisfeitos, logo surge esse sentimento sutil de que algo nos falta. Temos, então, a prova de que a vida material não é suficiente, e saímos em busca de algo mais espiritual. Esse algo que nos falta é tocar nosso próprio potencial de paz.

A paz, segundo o Budismo, é uma manifestação natural da mente, por isso encontra-se sempre pronta e disponível. Os mestres budistas nos estimulam a compreender que aquilo que procuramos fora de nós está em nosso interior.

Nesse sentido, procurar a paz fora pode nos levar para mais longe dela. É como se nos desesperássemos para chegar a algum lugar, quando não há lugar nenhum para ir. A paz não é algo que podemos compreender pelo raciocínio lógico, isto é, por meio de conceituações. Por isso, não é possível idealizá-la; apenas reconhecê-la. A boa notícia é que não precisamos mais esperar por algo que nos fará finalmente inteiros e felizes. Podemos desde já reconhecer os estados de calma da nossa mente como nosso melhor patrimônio. Lama Gangchen Rinpoche nos lembra: "Nosso problema é que não sabemos reconhecer a positividade. Primeiro, é preciso reconhecer a paz interna, para depois desenvolvê-la, senão a perderemos novamente". Este é o primeiro passo: reconhecer a presença de uma mente satisfeita. Podemos começar apenas identificando esse estado mental no momento em que vamos dormir; quando aliviamos a sede ao tomar um copo d'água; quando refrescamos o corpo quente com um banho de água fresca; quando nos sentimos em sintonia com o olhar de outra pessoa, com a cena de um filme ou com nossa própria respiração. Pode parecer simples demais, mas a lógica do Budismo é bem clara: o efeito dos estados mentais é semelhante àquele cultivado cotidianamente. Ou seja, só paz gera paz. Nesse sentido, a insatisfação em si nunca pode se tornar satisfação, assim como a tristeza não se transforma naturalmente em felicidade. Por isso, Lama Yeshe nos fala:

> Não podemos esperar atingir nossa meta de felicidade universal e completa ficando sistematicamente mais tristes. Isso contraria a maneira pela qual as coisas funcionam. Só com o cultivo, hoje, de pequenas experiências de calma e satisfação é que seremos capazes de atingir nossa meta última de paz e tranquilidade no futuro. Analogamente, só com o uso habilidoso da energia do desejo e com o hábito regular da experiência daquilo que podemos chamar de prazer autêntico é que poderemos esperar a beatitude e a alegria perenes da iluminação plena.[28]

Ao aprender a reconhecer nossa mente de paz e satisfação, estaremos treinando a confiança em nosso potencial de entrega e relaxamento. Quem sabe assim estaremos também mais preparados para aceitar o processo da morte como uma experiência de grande relaxamento!

---

[28] Lama Yeshe. *Introdução ao Tantra*. São Paulo: Gaia. 2007, p. 30.

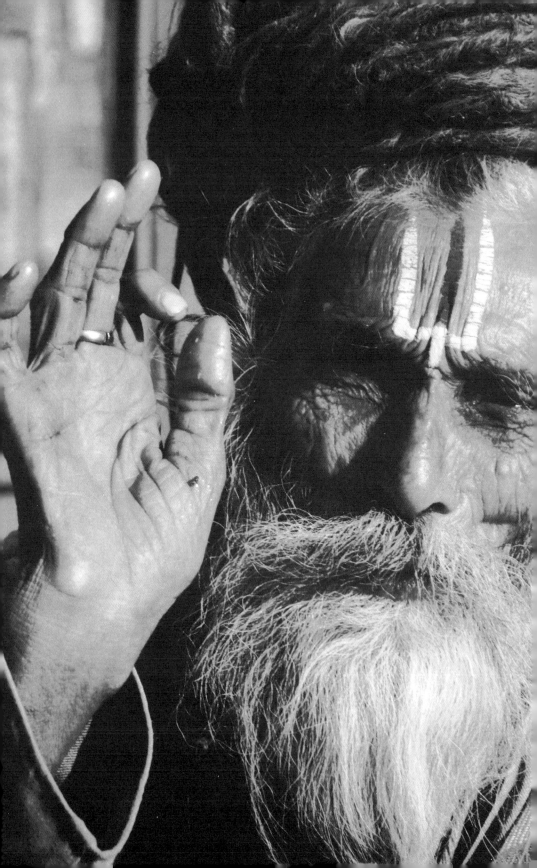

Capítulo 36
Não há regra que garanta a felicidade

Bel

Ao assistir ao filme sobre a vida do ex-presidente americano Harry Truman, me chamou a atenção as palavras que ele teria dito em seu último discurso, após oito anos de mandato: "Se fizermos tudo corretamente, teremos um mundo maravilhoso". Essa ideia de que se fizermos *o nosso melhor*, seremos *felizes* pode ser realmente muito boa, mas possui algumas armadilhas que nos fazem errar repetidamente.

Quem já não se pegou dizendo: "Fiz tudo com as minhas melhores intenções, com muito cuidado para não errar, mas, ao final, parece que fiz tudo errado!"?

Erramos porque nos desconectamos do mundo real. Imaginamos que tudo depende apenas de nós, e que se fizermos "a coisa certa" tudo será perfeito, maravilhoso! Assim, buscamos comportamentos ideais e deixamos de lidar com as demandas da realidade imediata, que nos mostra que há mais vidas além da nossa própria!

Lama Gangchen Rinpoche nos incentiva a trabalhar com o objetivo de sermos pessoas em constante evolução, porém sempre conectadas aos limites da realidade. Isso não significa ficarmos presos a esses limites, mas sim aumentarmos a nossa flexibilidade em relação a eles. Para isso, devemos ser capazes de superar as rígidas expectativas de como nós e as coisas devem ser.

Quando tentamos controlar o ambiente e as situações para que as coisas saiam de acordo com as nossas expectativas, ficamos presos à rigidez do nosso ponto de vista. Criamos regras sobre como as coisas deveriam ser e facilmente nos tornamos agressivos quando elas são contrariadas ou negligenciadas.

Rinpoche costuma comparar as regras com um chapéu de couro molhado: no momento em que o colocamos na cabeça, parece macio e confortável, mas, conforme o tempo vai passando, o couro vai secando e o chapéu encolhe, apertando nossa cabeça cada vez mais.

Em um sentido mais amplo, podemos considerar que a natureza caótica do nosso tempo por vezes leva a um aumento da rigidez e da inflexibilidade na tentativa de controlar o rumo dos acontecimentos. Mas precisamos recuperar a flexibilidade da mente. Temos de aprender mais sobre como seguir regras sem deixar que elas nos aprisionem!

Desde pequenos, entendemos que existem regras para sermos felizes e que para que as coisas deem certo, devemos agir de determinado modo. Soltar e relaxar em nosso estado natural de autoconfiança é, sem dúvida, um desafio para nós. Podemos começar reconhecendo o que acontece quando estamos relaxados, abertos e dizemos: "OK, está tudo bem".

O Budismo nos incentiva a cultivar um estado de abertura e confiança de que o que precisamos saber certamente virá ao nosso encontro. Uma vez que compreendemos isso, não precisamos mais temer o erro, ou nos forçar a ser o que não somos.

Capítulo 37
Saúde e consciência

Com Lama Michel Rinpoche

Lama Michel Rinpoche

Dr. Sergio, eu tenho uma pergunta para você. No monastério de Sera Me, onde eu morei por doze anos, contaram-me sobre um monge mais velho, que vivia havia muitos anos em retiro, em uma caverna na montanha. De vez em quando, seus discípulos iam se encontrar com ele. Um dia, perceberam que ele não estava bem de saúde, muito fraco e nitidamente sofrendo de algum problema nos pulmões. Depois de várias tentativas, conseguiram convencê-lo a procurar um hospital. Chegando lá, foi diagnosticado um câncer já muito avançado nos pulmões. O médico não queria dar a notícia, mas como ele insistiu em saber a verdade, acabou ouvindo que seu estado de saúde era muito grave, que iria morrer logo. Então ele começou a rir e disse: "Se ter câncer quer dizer que eu vou morrer, então eu tenho câncer desde que nasci, porque desde que eu nasci deveria morrer". Ele acabou voltando para o seu lugar de retiro e começou a fazer a prática de prostrações – uma prática física, que visa a purificação. Depois de quatro meses de prática intensiva, retomou as suas meditações. Nunca mais voltou ao hospital. Já se passaram muitos anos e ele continua bem. A minha pergunta é: dentro da ciência, como isso é explicado?

Dr. Sergio

Obviamente, a ciência não é capaz de explicar todos os fenômenos que ocorrem conosco. O câncer, por exemplo, ainda é um mistério. Sabemos que o corpo tem defesas contra células que se tornam cancerosas, e que esse tipo de imunidade sofre influência de fatores emocionais, de modo que, teoricamente, podemos deter o avanço de um processo canceroso com nossos próprios recursos.

Em um trabalho científico desenvolvido nos países nórdicos, foi observado algo espantoso: comparando exames de mamografia e dados estatísticos de pacientes com câncer de mama, constatou-se que certo número dessas pacientes simplesmente se curaram espontaneamente.

O trabalho não foi capaz de identificar onde estavam esses indivíduos, por serem apenas números de estatística, mas casos assim são mais comuns do que imaginamos.

LAMA MICHEL RINPOCHE

O estado de satisfação e alegria aumenta o potencial de cura, certo?

DR. SERGIO

Sim, com certeza. Esse conceito é praticamente uma unanimidade na classe médica.

LAMA MICHEL RINPOCHE

Mas também é verdade que muitas pessoas satisfeitas e alegres não se curam. A felicidade não garante a vida eterna... as pessoas felizes também morrem!

DR. SERGIO

Sim, mas as pessoas equilibradas vivem mais. Uma pesquisa feita por um grupo de pesquisadores do National Institute on Aging, nos Estados Unidos, que usou dados de personalidade coletados em 1958, mostrou com clareza que indivíduos cujos traços de personalidade incluíam maiores senso de realidade e índices de estabilidade emocional e que eram fisicamente mais ativos tinham diminuição de até 27% no risco de morrer, por qualquer causa, se comparados com os indivíduos com características de personalidade inversas.[29] Em relação à morte por doenças cardiovasculares, os emocionalmente estáveis foram os grandes beneficiados.

Quanto maior o nível de consciência da realidade de uma pessoa, maiores são as suas chances de sobrevivência. O grande pesquisador Fuad Lechin demonstrou que o balanço entre os neurotransmissores e os hormônios é responsável por nossa capacidade de resposta imunitária (uma das nossas principais armas para enfrentar os desafios impostos pelo meio exterior). Sabemos, por outro lado, que esse balanço também é a chave do equilíbrio emocional e da capacidade de compreensão do meio externo. O trabalho de Lechin mostra isso quando associa o balanço de certos neurotransmissores ao bom funcionamento do sistema imunitário.[30]

Lechin desenvolve um trabalho na universidade de Caracas, na Venezuela, desde a década de 1960, no qual dosa os neurotransmissores no plasma (por

---

[29] Saiba mais: http://pesquisa.bvsalud.org/regional/resources/mdl-18596250.
[30] Saiba mais: http://www.lechin.com.

causa da dificuldade em dosá-los no próprio cérebro). Ele estuda as relações entre eles em mais de 25 mil pessoas doentes e saudáveis. Por esses dados ele postulou como se comportam esses neurotransmissores nas várias síndromes psiquiátricas, nas doenças psicossomáticas, bem como nas outras patologias de origens diversas.[31]

De certo modo, os neurotransmissores também se relacionam com a capacidade de adaptação psicológica ao meio ambiente, e possivelmente com o nível de consciência.

A compreensão da consciência ainda é um mistério para a ciência. A consciência humana é um fenômeno ainda mais complexo.

Lama Michel Rinpoche

Pelo que você está dizendo, sem dúvida, o processo do câncer é mais complexo, não se reduz apenas à falha de algumas células...

Dr. Sergio

As falhas ou mutações genéticas que ocorrem no processo de reprodução celular são constantes na nossa vida. Obviamente, com o passar dos anos, podemos acumular esse tipo de erro nas células, bem como diminuir nossa capacidade de defesa contra essa falha. Por isso o câncer é tipicamente uma doença do período de envelhecimento, apesar de aparecer esporadicamente em outras fases da vida.

Vários agentes tóxicos e infecciosos vindos do ambiente funcionam como estímulo para essas mutações, de modo que a degradação ambiental pode ser uma das explicações para a epidemia de câncer que observamos nos dias de hoje.

Lama Michel Rinpoche

Estamos sendo influenciados pelo ambiente, até mesmo quando estamos dormindo. O problema é que, vivendo numa cidade grande como São Paulo, consideramos *normais* condições muito negativas para a saúde: a poluição do ar, a poluição sonora, sem falar da visual e das ondas eletromagneticas. Estamos o tempo todo expostos a luzes artificiais, seja da casa ou do computador. Mesmo quando vamos dormir ainda permanecem acesos pontos de luz vermelhos na televisão, no telefone...

De um jeito ou de outro, todos nós *sabemos* que esses estímulos fazem mal... Mesmo quando achamos que já nos acostumamos e não damos atenção a eles, nossa mente tem de se esforçar para processá-los ininterruptamente.

---

[31] Saiba mais: http://pesquisa.bvsalud.org/regional/resources/mdl-793302.

Então, o que acontece? Estamos sempre alertas, tensos, principalmente nas cidades onde é muito difícil relaxar profundamente e se concentrar.

Em algum momento do dia, devemos nos desligar do mundo externo para cuidar exclusivamente de nosso mundo interno. Parar para cuidar do que se passa dentro de nós.

O mundo externo reflete nosso mundo interno. Quer dizer, nossas ações físicas são o resultado de como estamos interiormente. E o modo como nos manifestamos também influencia o meio ambiente. A única forma de mudar o meio ambiente é pela modificação interna das pessoas.

Dr. Sergio

Em um trabalho muito interessante, também realizado pelo pesquisador Lechin, demonstrou-se que os períodos de melhora e de exacerbação de várias doenças crônicas – tais como doenças autoimunes e câncer – estão relacionados a alterações de parâmetros químicos referentes ao estresse e às emoções. Desse modo, a piora do câncer ocorre no momento em que os níveis de cortisol sobem, fato que, como há muito se conhece, provoca profundas alterações concomitantes na imunidade e no psiquismo. Um exemplo bem simples que podemos observar no dia a dia é a ocorrência de um episódio de gripe após um estresse forte.

Lama Michel Rinpoche

Mas, se a causa não for resolvida, o câncer pode voltar... De um modo geral, ao que parece, a medicina está mais focada no sintoma, do que na causa que o gerou.

Dr. Sergio

É verdade, a medicina tem focado basicamente o controle dos sintomas das doenças. Conhecemos bem as lesões que tratamos, até podemos melhorar as disfunções que as originaram, mas somente a medicina alternativa tem mostrado preocupação em compreender o processo energético que antecede a própria disfunção.

Capítulo 38
Os sentimentos inadmissíveis

Bel

Como Lama Michel Rinpoche explicou, a palavra *Tchog She*, em tibetano, significa *satisfação, aceitação da vida simplesmente como ela é*, isto é, a capacidade de manter um relacionamento direto com nossas experiências, sejam de alegria, medo, expectativa ou ressentimento. *Tchog She* é, portanto, a ausência de neurose, pois, a neurose se caracteriza pela rejeição da vida como ela é.

Na tentativa de não sofrer, buscamos, sem nos darmos conta, métodos para nos anestesiar da frustração iminente. Alguns desses métodos podem funcionar temporariamente. Mas, em geral, quando algo nos desagrada, nossa primeira reação é dizer: "Não acredito que isto esteja acontecendo!". Ficarmos indignados com relação ao que estamos sentindo ou vivendo só coloca mais fogo no fogo das emoções que estão fervilhando dentro de nós. Quando somos tomados pela indignação, estamos fadados a sofrer mais! Porém, quando lidamos com os acontecimentos tal como eles são, começamos a atenuar nossa visão neurótica da vida. O segredo está em não resistir ao que emerge em nós e, ao mesmo tempo, *não adicionar nada mais* a essa experiência.

Mas não é tão simples assim! Fomos educados para sermos bons e eficientes e, por isso, aprendemos a ver nossos defeitos como inaceitáveis! Não aprendemos a nos autoacolher ou ter compaixão por nós mesmos. Como não sabemos lidar com nossos defeitos, passamos a rejeitá-los. E, rejeitando a nós mesmos, rejeitamos a vida!

É o que ocorre quando nos pegamos dizendo: "Eu não posso estar sentindo isso!"; "Não acredito que fiz isso de novo, que vergonha, nunca mais quero mostrar minha cara!"; ou mesmo "É inadmissível que isso tenha ocorrido comigo de novo!".

Se algo é visto como inaceitável, não tem reparo nem negociação. Então, instintivamente escondemos e negamos esses impulsos inaceitáveis. Assim, nos afastamos de nós mesmos. Nesse sentido, podemos reconhecer que estamos *nos perdendo* quando exageramos nossas reações emocionais.

O que não está de acordo com o nosso ego ideal, com a imagem que idealizamos de nós mesmos, torna-se nossa sombra. E quanto mais a negamos, procurando ser bons e fazer o bem, mais reforçamos uma imagem idealizada de nós mesmos. Dessa forma, criamos polarizações: isso é *bom*, aquilo é *mau*, eu devo ser *assim* e não *assado*. E vamos empurrando para longe de nós nossas sombras. O medo de não sermos capazes de lidar com elas, ou de sermos rejeitados caso venham à tona, nos leva cada vez mais a negá-las.

Por isso, situações e sentimentos inadmissíveis se tornam oportunidades para encararmos de frente aquilo que vínhamos tentando esconder e evitar. Só quando admitimos sentir e viver o que parece inadmissível podemos ser "um" em nosso mundo interno. Devemos nos fazer a pergunta que dizem que Jung teria feito a um de seus pacientes: "Você prefere ser bom ou ser inteiro?".

Capítulo 39
Parar de evitar a si mesmo

Bel

Em geral, evitamos olhar de frente os conflitos, aconteçam eles dentro ou fora de nós. Protelamos encarar os fatos desagradáveis da vida com a esperança de que, com o tempo, eles mudem. Tendencialmente, preferimos nos acomodar. Porém, à medida que evitamos enfrentar as situações nos tornamos vítimas passivas dos infortúnios da vida.

Olhar de frente, no entanto, requer *aceitação* – único antídoto contra a tendência de evitar o que nos incomoda. Isto é, deixarmos de contestar o que vemos e o que sabemos sobre as situações e sobre nós mesmos. Quando recusamos os fatos, perdemos uma preciosa oportunidade de transformação. Mas é preciso antes de mais nada aceitar o que ocorre no nosso interior. Aceitar é um modo de parar a luta consigo mesmo e adquirir autorrespeito. Somente admitindo nossas falhas e fraquezas podemos começar a cultivar uma boa autoestima, e a confiança em nossa capacidade de refletir e de enfrentar os desafios básicos da vida. A partir do momento em que são aceitas, as falhas deixam de ser fardos que temos de carregar. Cria-se um novo acordo interno. A autorresponsabilidade nos faz sentir dignos de nós mesmos. Ao aceitar nossas falhas, não mais sentimos vergonha de nós. Nos tornamos testemunhas de nosso próprio processo de sofrimento.

Quanto mais aceitamos o que ocorre em nosso interior, mais perto estamos de nós mesmos, e mais somos capazes de ser agentes ativos do nosso próprio desenvolvimento interior.

Admitir nossa real condição torna-se um modo de cessar os conflitos internos, e gera energia e disposição para enfrentar o que em geral evitamos. Ver as coisas com clareza permite distinguir as nossas reais limitações daquelas que são criadas pelo hábito de evitar os confrontos.

É quando ocorre a verdadeira mudança: uma vez que não temos mais por que evitar a consciência das nossas próprias falhas, não temos por que deixar de admiti-las! Uma vez tão próximos da nossa verdade interna, surge o desejo autêntico de fazer algo melhor por nós mesmos. A essa altura, o desejo de mudar não está mais sustentado pelo desconforto de ser quem somos, mas pela vontade de nos oferecermos melhores condições!

À medida que se deixa de atuar contra si, para atuar consigo, desenvolve-se a autocompaixão, e deixa-se de implicar consigo e também com os outros. O Budismo nos inspira a sermos guiados pela sabedoria da compaixão. A ação compassiva baseia-se principalmente em não lutar contra, mas com.

Yongey Rinpoche escreve, em *A alegria de viver*: "Quanto mais claramente vemos as coisas como são, mais dispostos e capazes nos tornamos de abrir nossos corações a outros seres".[32] Temos menos chances de nos envolver em conflitos, pois a clareza de distinguir as nossas limitações irá nos proteger de uma ação unilateral. Quando passamos a acolher nossas falhas, nossa mente sossega, pois não é mais necessário escapar ou resistir. Aliás, para quem busca despertar a coragem de encarar a si mesmo, há uma frase poderosa a ser dita antes de dormir: "Universo, me revele a verdade".

Mas para tanto temos de nos abrir para ouvi-lo. Por isso, Chögyam Trungpa Rinpoche nos lembra:

> O universo está constantemente tentando chegar até nos para dizer ou ensinar algo, mas nós o rejeitamos o tempo todo. Quando nós enquadramos nossa experiência em categorias como terrestre e sagrado, bom e mau, importante e insignificante, recusamos o simbolismo que nos cerca. Nós rejeitamos tudo. Arrumando tudo em pequenas caixas de conceitos, não resta mais nada.[33]

---

[32] Yongey Mingyur Rinpoche. *A alegria de viver*. Rio de Janeiro: Elsevier, 2007. p. 107.
[33] Citação postada em francês no Facebook de "Chögyam Trungpa" em 16 de março de 2010 às 16:02. Disponível em: <http://www.facebook.com/profile.php?id=100000705707331&sk=wall>.

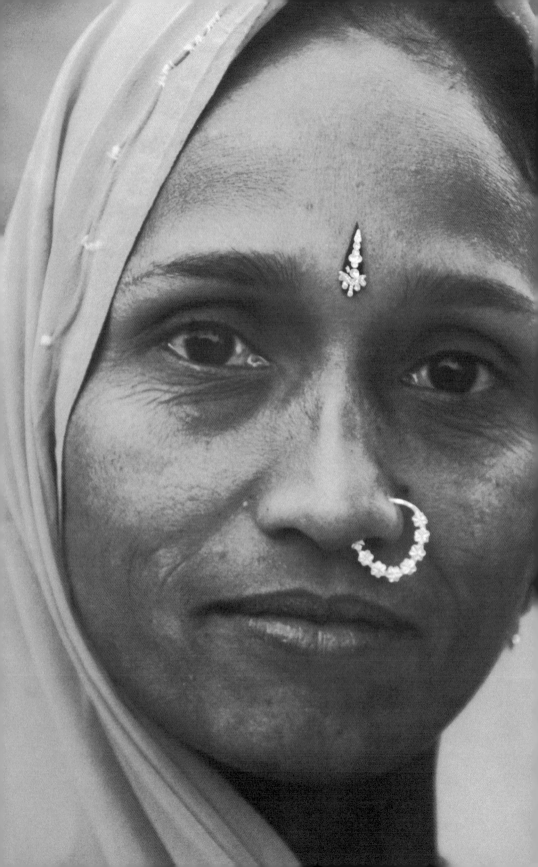

Capítulo 40
A capacidade de se autossustentar

BEL

Abandono, traição, perdas abruptas, sustos, mal-entendidos nos levam a uma desconfortável sensação de estarmos sem chão. Não temos o outro nem o ambiente à nossa volta como uma tábua de salvação. Nesses momentos, será por meio da capacidade de nos autossustentar que iremos recuperar nosso eixo interior.

Autossustentar-se é poder dizer a si mesmo: "*De mim* eu sei, mesmo que não esteja sendo compreendido." ou ainda "Posso me tratar bem, mesmo que esteja sendo maltratado". Pela autossustentação conquistamos um profundo sentimento de dignidade e paz interior.

A paz interior é um estado de equilíbrio que surge quando nossas forças ativadoras e nossa capacidade de relaxar estão em harmonia. Isto é, quando estamos sintonizados tanto com a nossa força de combate como com a nossa capacidade de entrega.

Mas, em geral, permanecemos alertas até mesmo quando já poderíamos relaxar. É como se, ao afrouxar o controle sobre nós mesmos, alguma coisa ruim pudesse ocorrer.

Intuitivamente, porém, sabemos que ficar presos a esse controle interior torna a nossa vida muito limitada.

Mas o que nos proporcionaria a sensação de poder relaxar com confiança e soltura? A nossa capacidade de autossustentação que surge quando nos abrimos para nos recebermos tal qual somos. À medida que nos sentimos disponíveis para nós mesmos (quando estamos à vontade exatamente com quem somos), paramos de nos defender de nós mesmos e naturalmente nos tornamos uma companhia confiável.

Essa amizade interior não ocorre apenas no nível do pensamento – como se pudéssemos simplesmente formular uma ordem interna: "Seja amigo de você mesmo, aprenda a se bastar!" –, mas na sensação de estar bem *encaixado* em si mesmo. Autossustentação não quer dizer estar desconectado de qualquer fonte de nutrição, contando apenas com os próprios recursos. É exatamente o contrário!

Ela surge quando superamos o condicionamento de que somos seres solitários.

Observo que muitas vezes estamos exageradamente presos à ideia de nos tornarmos emocionalmente autônomos. Não queremos nos amparar em ninguém e deixamos de lançar mão de recursos externos porque não pedimos ajuda!

É importante ressaltar a diferença entre amparar-se nos outros e deixar-se ser nutrido e inspirado por eles.

Por exemplo, quando usamos uma bengala, ela nos serve de apoio ou de estímulo? A força está na bengala em que nos apoiamos ou na nossa capacidade de usá-la?

Quando nos amparamos na força alheia, temos a intenção de que o outro faça esforço por nós, mas quando usamos o outro como fonte de nutrição e estímulo, temos plena consciência de que o esforço é nosso. Por isso, apesar de ninguém poder de fato nos poupar da parte que nos cabe, podemos receber toda a ajuda necessária sempre que ela estiver disponível!

Em outras palavras, autossustentar-se não quer dizer "ser só eu, por mim mesmo", mas "ser eu mesmo no todo".

Esse é um processo profundo, que requer um treinamento interno capaz de nos ajudar a desconstruir nossos hábitos mentais negativos.

Nesse sentido, pequenas atitudes podem ser de grande valia. Quando estamos desanimados ou tristes, nosso corpo precisa ser bem tratado. Tudo que estimule positivamente nossos cinco sentidos – boa música, um aroma agradável no ar, algo saboroso para comer, um banho quente ou um creme de massagem e a contemplação de imagens que apreciamos – pode nos dar a base para que a mente relaxe!

No Budismo, esse treinamento ocorre por meio dos ensinamentos do Dharma e da meditação: ambos nos ajudam a abandonar uma falsa visão sobre nós mesmos e a nos familiarizarmos com a natureza inata de uma mente saudável.

Mas não importa o método que usamos, o importante é reconhecer a nossa necessidade de poder relaxar em nosso solo interior! Ou seja, viver com menos pressão e mais abertura para ter uma melhor qualidade de vida.

Capítulo 41

Quando se sentir à mercê do imprevisível gera estresse

Com Lama Michel Rinpoche

Lama Michel Rinpoche

Dr. Sergio, tenho uma pergunta para você: o que acontece com uma pessoa que já nasceu com serotonina baixa?

Dr. Sergio

Isso é bem mais comum do que se imagina. Os sintomas podem ser diversos, uma vez que a serotonina tem múltiplas ações no organismo e no psíquico.

A capacidade de formar serotonina depende de uma série de enzimas que devem funcionar em harmonia. Porém, como essas enzimas, por sua vez, dependem de genes para serem formadas, basta que um deles não tenha a sequência certa de aminas (substâncias químicas responsáveis pela formação dos genes) para que a formação de serotonina seja falha ou insuficiente para determinada situação de estresse. Uma das tendências observadas nesses casos é a depressão.

Lama Michel Rinpoche

Então, isso significa que a pessoa pode sofrer de depressão desde a infância?

Dr. Sergio

Sim, claro, se ela tem uma formação de serotonina insuficiente, a depressão pode ser uma decorrência natural.

No entanto, é importante observar que a alteração nesses genes não leva obrigatoriamente o indivíduo a apresentar sintomas ligados à deficiência serotonérgica; é possível desenvolver mecanismos compensatórios que o impeçam de entrar em crise. É o caso, por exemplo, dos gêmeos monozigóticos (que têm o mesmo patrimônio genético), em que a concordância quanto à doença afetiva é grande, mas não chega a 100% – ou seja, não é necessário que os dois a apresentem, apesar de as chances de que isso ocorra sejam maiores do que na população geral.

Mas é importante entender que uma pessoa que tem serotonina baixa terá mais dificuldade de produzir força para combater o estresse. Portanto, quanto menos ela se expuser à sensação de estar à mercê do imprevisível, mais irá se preservar.

BEL
Por favor, explique melhor.

DR. SERGIO
A vivência do imprevisível nos coloca em estresse desencadeando uma maior liberação do cortisol para acionar tanto nossas defesas quanto contradefesas.

Como já expliquei anteriormente, nas situações de maior estresse, quando nos sentimos incapacitados diante dos desafios, o cortisol pode ser liberado em excesso. Por outro lado, quando precisamos resolver uma situação e não produzimos cortisol em quantidade suficiente, também temos problema.

Veja bem, a serotonina é um dos estimulantes do cortisol. Se a pessoa tiver serotonina baixa, terá mais dificuldade de liberar cortisol para ter a força necessária para resolver uma situação de estresse. Por isso, quanto menos ela se expuser à sensação de estar à mercê do imprevisível, mais irá se preservar.

A ação do cortisol é complicada porque é bimodal – em princípio estimula a imunidade, mas, a partir de certa quantidade, a deprime.

LAMA MICHEL RINPOCHE
Ter o cortisol alto é como acionar um grande exército de soldados para resolver um conflito. Mas, pelo que entendi, o problema é saber controlá-lo depois, certo?

DR. SERGIO
Isso mesmo! A questão do cortisol é a seguinte: todo mundo sabe, por exemplo, que os corticoides podem ajudar a controlar processos inflamatórios, mas que a partir de certo ponto, eles têm o efeito contrário, propiciando o aparecimento de alguma infecção porque passam a bloquear o funcionamento do sistema imunitário.

O grande dilema do sistema imunitário é parar de atacar, uma vez que a guerra foi ganha. É a tal história: você tem um exército poderoso dentro de você, mas tem de saber controlá-lo.

BEL
Mas, voltando à questão de se sentir à mercê do imprevisível, quer dizer que quando a pessoa sente que perdeu o controle sobre sua vida ela reativa o ciclo de estresse...

Dr. Sergio

Sem dúvida, sentir-se sem recursos para lidar com o futuro imediato gera um enorme estresse. A partir daí surge um grande sentimento de desesperança. Todos esses sentimentos formam a síndrome depressiva. A depressão, hoje em dia, é considerada uma doença perigosa e mortal. Inúmeros trabalhos científicos demonstram isso.[34]

Bel

Aqui o autoconhecimento é um importante fator preventivo.

A consciência de nossa fragilidade é que nos dá condições de nos preservarmos da exposição desnecessária a situações de incerteza. Saber se poupar é diferente de se retrair por covardia. Quer dizer, se tenho consciência de minhas vulnerabilidades posso agir estratégica e intencionalmente de modo a obter bons resultados com minhas *reais* condições. Saber adaptar-se às condições externas de acordo com nossas condições internas é uma arte.

---

[34] Saiba mais: http://pesquisa.bvsalud.org/regional/resources/mdl-19739925.

Capítulo 42
Lidando com a doença e a morte

Com Lama Michel Rinpoche

Bel

A questão de estar à mercê do imprevisível e do decorrente sentimento de desesperança me remeteu a um assunto com o qual venho lidando de perto há muitos anos. Desde 1991 acompanho pessoas que enfrentam o processo da doença e da morte.

Não aprendemos a *pensar* sobre a morte, muito menos a nos preparar emocionalmente para ela. A morte ainda é um tabu. Costumo dizer que morte e sexo têm algo em comum: ninguém nos ensina como vivenciá-los, e aquilo que precisamos saber aprendemos diretamente com a experiência. Vivemos em silêncio, sofremos em silêncio e, muitas vezes, quando enfrentamos bem essas áreas, não temos oportunidade de compartilhar nossas conquistas abertamente.

Uma vez que passamos a vida sem falar sobre a morte, torna-se muito difícil lidar com o tema quando precisamos nos aproximar dele.

Dr. Sergio

No geral, somos incapazes de lidar com a nossa própria finitude. É como olhar diretamente para o sol: não conseguimos sustentar a visão por muito tempo e acabamos desviando o olhar.

Lama Michel Rinpoche

Apesar de sabermos que somos mortais, acreditamos na nossa imortalidade. Acreditamos na imortalidade dentro da mortalidade!

No Budismo existem meditações específicas para quando se está doente. Elas ajudam a desenvolver uma atitude interna capaz de dar um significado a esse momento de vida. Mesmo sendo um momento ruim, ele pode ser usado como um método para o desenvolvimento espiritual.

Bel

Enquanto na cultura oriental a morte é vista como parte de um ciclo, para nós, ocidentais, ela é o fim. A cultura oriental está baseada em um pensamento cíclico, circular: todo fim é um novo começo. Já a cultura ocidental baseia-se numa forma linear: o início e o fim estão distantes entre si. Por isso, associamos morte com a ideia de aniquilação.

Lama Michel Rinpoche

É interessante observar como as pessoas das culturas orientais de modo geral enfrentam o processo da morte. Por exemplo, o Guenlagpa, que foi um dos meus professores do monastério. Ele faleceu há dois anos por causa de um câncer no esôfago. Ele tinha 77 anos e teve uma vida bastante dura do ponto de vista de nutrição, e todo o resto. Mas sempre foi uma pessoa extremamente estável, feliz e alegre. Os seus últimos anos de vida foram bem difíceis, porque ele já estava extremamente fraco, e quando a doença começou a piorar ele tinha dores constantes.

Se formos observar esse período da sua vida, podemos dizer que ele ficou mais nervoso diante das limitações, mas em nenhum momento ele foi visto se lamentando, reclamando da sua condição – muito pelo contrário. A alegria que ele possuía continuou a mesma. No final, ele estava bem com a vida e morreu superbem, nesse sentido. Isso vem de um hábito da vida toda.

Bel

De fato, morremos como vivemos. Tenho observado que as pessoas que costumam encarar de frente as adversidades, considerando-as como uma oportunidade para seu desenvolvimento interior, estão mais treinadas para enfrentar o processo da morte, encarando-a como *mais um* desafio que se propõem a abraçar. Mas aquelas que passaram a vida evitando confrontos paralisam diante da morte.

Lama Michel Rinpoche

Muitas vezes simplesmente buscamos ignorar os problemas, acreditando no ditado que diz que o que os olhos não veem, o coração não sente.

Mas, saber da existência de um problema é o único modo de gerar forças para encará-lo.

É o caso do diagnóstico de uma doença grave. É óbvio que ficamos confusos e tristes. Mas a pergunta é: "A doença já existia antes de ser diagnosticada?". Sim, já existia. "Se não fosse diagnosticada continuaria existindo?". Sim. "O que aconteceria se ela não fosse diagnosticada?". Eu não iria procurar um tratamento e a doença continuaria a se desenvolver.

Na verdade, o fato de ter a doença é uma coisa ruim, mas tê-la diagnosticado é algo bom, por isso, vamos já começar a separar as coisas. A doença em si é algo péssimo, mas finalmente alguém me disse que ela existe, e eu posso ter clareza sobre ela. Posso, então, fazer algo sobre ela.

Ter clareza sobre o problema é o primeiro passo para solucioná-lo, eu diria até que já é 50% da solução! Se não conhecemos bem o problema, iremos buscar soluções que simplesmente não servem para resolvê-lo e vamos perder tempo e foco.

BEL

Muitas pessoas acreditam que devem poupar o paciente da gravidade do seu estado de saúde, para que ele não entre em desesperança.

DR. SERGIO

Se a pessoa não for preparada, é possível que entre mesmo.

LAMA MICHEL RINPOCHE

Mas, por outro lado, eu não acho que seja possível "esconder" de alguém a verdade sobre o seu estado, pois o próprio corpo sinaliza, e a pessoa acaba tendo consciência de que há algo errado. Se eu continuo dizendo para a pessoa: "Não, está tudo bem, não se preocupe.", isso vai acabar gerando um conflito, uma incoerência.

BEL

Com certeza. Mas a questão sobre dizer ou não depende de *quem* vai falar e *como*, e da personalidade e abertura de quem vai receber a informação, além, claro, do seu real interesse em saber seu prognóstico. Portanto, não é apenas uma simples questão de omitir ou dizer a verdade. Em geral, quem quer saber pergunta e dá dicas claras do quanto quer saber.

Pela minha experiência posso dizer que não há *necessidade* de falar sobre a morte com quem está falecendo. O mais importante é procurar atender às necessidades que o indivíduo demonstra, lembrando sempre que a maior parte das pessoas tem dificuldade de receber cuidados e ajuda, e que não há ninguém que esteja completamente pronto para oferecer tudo o que é necessário.

LAMA MICHEL RINPOCHE

O ponto é saber aceitar as coisas como elas vierem. É por isso que precisamos de uma educação não formal sobre como lidar com esses momentos. O nosso conceito formal de educação está relacionado apenas ao conhecimento que possa ser útil à inserção no mercado de trabalho. Se desde jovens tivéssemos aprendido a lidar com outros aspectos da vida...

DR. SERGIO

Sem dúvida. Infelizmente, eu não aprendi isso antes.

Capítulo 43
Uma mente saudável

Dr. Sergio

Bel, como você descreveria a mente que usa bem todas as suas possibilidades?

Bel

Essa é uma pergunta e tanto! Para respondê-la eu posso relatar como vejo Lama Gangchen Rinpoche, para mim um exemplo de alguém que possui uma mente clara e equilibrada.

Em primeiro lugar, ele tem uma mente aberta. Noto isso pela maneira como nos escuta quando lhe trazemos, por exemplo, uma situação-conflito. Não há um julgamento inicial, mas um interesse incondicional sobre aquilo que estamos dizendo. Depois, quando ele nos responde, claramente considera todos os aspectos – dos mais individuais aos mais coletivos – que a questão envolve. Em outras palavras, sua mente percebe como os fenômenos estão interligados e, por isso, é capaz de correlacionar o mundo externo ao mundo interno. Assim, ouvindo-o, podemos perceber melhor a relação entre o que ocorre fora de nós com o que se passa dentro de nós. Sua mente compreende profundamente que *todos* precisam se curar: humanos, animais e meio ambiente. Por isso, sua visão nunca é parcial.

Outra característica é a sua constante disponibilidade para se relacionar. É como vejo a sua enorme capacidade de amar. Ele está profundamente comprometido com a rede interdependente da vida.

Sua intenção de ajudar é livre do desejo de controlar o outro. Lama Gangchen Rinpoche sabe que não é possível *transformar* ninguém, mas apenas criar condições que facilitem a transformação. Afinal, qualquer mudança, numa pessoa ou situação, só pode ocorrer quando suas causas e condições amadurecem.

Nesse sentido, estar perto de uma pessoa com a mente clara nos inspira, por meio de suas ações de corpo, palavra e mente, a gerar padrões mentais positivos e a abandonar os negativos.

O estilo de vida de quem tem uma mente saudável é sempre coerente com o seu propósito de vida. Quando temos clareza de onde viemos, onde estamos e para onde queremos ir, nossas ações tornam-se coerentes com o tipo de vida que levamos.

Uma mente saudável é consciente do seu sentido de vida e está determinada a vivenciá-lo, pois sabe que uma vida sem significado não tem sabor.

Muitas pessoas encontram um significado para a vida quando desenvolvem sua espiritualidade. Quer dizer, quando cultivam uma postura de vida que valoriza o seu desenvolvimento interior, passam a visar à melhoria do todo, ou seja, visam tanto ao seu bem-estar como ao dos outros.

A espiritualidade nos leva a ampliar a visão de nós mesmos. Enquanto temos uma visão limitada de nosso próprio potencial, restringimos a nossa percepção da realidade e ficamos presos às nossas próprias projeções. Esse é um trabalho para ser feito durante toda a vida...

De modo mais sucinto, vejo que uma mente saudável é sempre flexível porque possui *espaço interior* para pensar, sentir e criar.

Essa qualidade de espaço interior aumenta também a capacidade de tolerância consigo mesmo e com os demais, gerando grande receptividade, tanto para perceber o outro em suas diferenças, como para explorar novas ideias.

A mente saudável sente amor, por isso possui um *sentido de inteireza interior*: ela não sofre de solidão ou rejeição porque cultiva um sentimento natural de pertencimento. Ela sabe dar suporte a si mesma, por isso é capaz de atender às suas necessidades internas, inclusive a de pedir ajuda!

Essa mente calma, concentrada e lúcida é visionária, não atua antes da hora. Sabe o momento certo de agir porque observa meticulosamente todos os detalhes. Assim como nos disse certa vez Lama Gangchen Rinpoche, quando tínhamos pouco tempo para visitar um monastério na Índia: "Sejam rápidos e relaxados".

Dr. Sergio

Essa é a descrição de um funcionamento de fato perfeito com toda a química do estresse e dos neurotransmissores equilibrada a nosso favor.

Você teria a noradrenalina (capacidade de prestar atenção aos detalhes) equilibrada com a dopamina (podendo se sentir motivado e ter prazer) e teria serotonina suficiente parar concluir todos os seus ciclos.

Isso resulta em um indivíduo saudável que tem uma excelente capacidade de adaptação e de aprendizado em relação aos desafios do meio e, portanto, é capaz de se manter confiante a maior parte do seu tempo.

Capítulo 44
Um corpo saudável

Bel

Como é um corpo saudável?

Dr. Sergio

Um corpo saudável não é apenas aquele que não tem doença, mas aquele capaz de manter um bom funcionamento. A medicina ainda vê a doença como uma lesão de um órgão. Mas nós sabemos que a doença começa muito antes de se manifestar por um sintoma ou lesão específicos. Uma perda de tecido do fígado, por exemplo, não surge da noite para o dia, ela é o resultado de um longo período no qual esse órgão sofreu seguidas intoxicações.

Então, podemos dizer que a doença se daria em três fases: primeiro ocorre alguma alteração energética do órgão, depois ele sofre uma disfunção e, por último, surge a lesão.

Tratamentos como acupuntura e homeopatia são capazes de cuidar das alterações energéticas, num nível ainda bem sutil. A suplementação nutricional cuida das disfunções, equilibrando o "terreno". E os tratamentos alopáticos ou cirúrgicos lidam com a manifestação da doença.

Bel

Como já conversamos anteriormente, o Budismo Tibetano enfatiza a ideia de que o sutil antecede ao grosseiro, a matéria. Mas parece que considerar a manifestação sutil dos fenômenos ainda é uma barreira para a ciência...

Dr. Sergio

Sem dúvida e isso acaba trazendo problemas recorrentes. Vamos dar um exemplo bem prático: pedra no rim. Quando a pessoa sente dor é porque já se formaram as pedras de cálcio. Então, ela vai ao pronto-socorro e recebe medicação para eliminar a dor e tratamento necessário para expelir os cálculos. Quando finalmente eles são expelidos, a pessoa pensa: "Ah, agora estou curada...". Mas isso não é verdade. Ela conseguiu resolver a crise e eliminar aqueles cálculos que haviam sido formados, mas é preciso investigar mais profundamente. Qual o tipo e a origem do cálculo? Provavelmente, a pessoa está filtrando muito cálcio no sangue. Existem várias razões para isso. Uma delas pode ser um processo inflamatório generalizado, em que o cálcio está entrando para cobrir o excesso de acidez no sangue. Ou a pessoa pode estar com deficiência de vitamina D por falta de sol e não consegue fixar o cálcio nos ossos. Ou, ainda, está passando por uma queda de estrogênio, que também dificulta a fixação do cálcio nos ossos. Portanto, por algum motivo o organismo está desequilibrado, ou seja, o terreno está comprometido e, mais cedo ou mais tarde, ela terá problemas novamente...

Por isso, para ser saudável é preciso buscar o equilíbrio desde a fase energética, a fim de garantir um bom terreno e evitar o aparecimento das lesões.

Bel

O Budismo Tibetano compartilha totalmente essa visão. Para tudo há uma causa e um efeito. A causa principal de nosso desequilíbrio energético está em nossa mente, ou seja, na visão incorreta que temos da realidade, por pensarmos que tudo existe por si mesmo, de modo independente e *para sempre*. Negamos a interdependência dos fenômenos e a sua natureza impermanente. Apesar de não termos dificuldade em compreender racionalmente que tudo está interligado, agimos como autônomos que fossem viver para sempre. Essa é a base de todo nosso sofrimento, porque, a partir dessa visão confusa, geramos três venenos mentais – o apego, a raiva e a ignorância –, que por sua vez são a causa de nossos desequilíbrios físicos e mentais. Mas *a mente não é a vilã de todas as doenças*. A medicina tibetana também considera que os desequilíbrios ambientais, como a poluição do meio ambiente e os choques térmicos, são causadores de várias doenças.

Por causa da nossa tendência a pensar de modo parcial, nos esquecemos do quanto o corpo e o ambiente estão interligados. Em geral, há uma excessiva atenção ao corpo, por ele ser mais facilmente observável. Mas isso termina por fazer o "feitiço virar contra o feiticeiro", uma vez que a falta de um pensamento holístico tem nos levado a atingir níveis altíssimos de poluição ambiental.

Precisamos compreender que, como disse Chögyam Trungpa Rinpoche, o mundo inteiro é nosso corpo! A tendência a ver o corpo como algo privado e especial nos impede de entender essa esfera mais ampla da experiência.

Capítulo 45
Um meio ambiente saudável

BEL

Dr. Sergio, na maior parte de nossas conversas focamos a inter-relação entre o funcionamento do corpo e da mente. Acho que seria interessante falarmos um pouco sobre a interação do meio ambiente com eles.

DR. SERGIO

De fato, essa interação é muito importante, afinal, o corpo e a mente têm de se adaptar ao ambiente.

BEL

Lama Gangchen Rinpoche costuma dizer que uma das principais causas das doenças hoje em dia é a poluição ambiental. Ele nos alerta que os elementos externos desequilibrados interagem com os elementos internos de nosso corpo, causando doenças que ainda desconhecemos. Muitas vezes, não sabemos como surgem essas doenças, mas elas vêm dessa interação. Como a mente e os elementos estão interligados, tanto a mente desequilibra os elementos externos como eles desequilibram a mente. Um influencia o outro.

DR. SERGIO

Quando o meio ambiente está doente, o corpo reage a isso por meio de mecanismos adaptativos que acabam provocando por si só a patologia do organismo.

BEL

Recentemente comecei a me familiarizar com o termo *epigenética* – o estudo dos mecanismos moleculares por meio dos quais o meio ambiente influencia a atividade genética. Durante muito tempo os cientistas focaram apenas a nossa herança genética, deixando de considerar as variantes não genéticas – ou seja, adquiridas durante a vida –, que também podem ser herdadas. Fatores bióticos e abióticos, o estilo de vida (atividade física, hábitos de sono, alimentação, complementação alimentar, níveis de estresse), a postura psicológica diante dos fatos (ameaça ou incentivo à conquista, autoprofecias, sem falar dos condicionamentos sociais: noticiários, internet, filmes, música, cinema, moda), todos juntos influenciam a nossa saúde e a dos nossos futuros descendentes.

Considerando a existência dessa influência, é incrível falarmos, refletirmos e conhecermos tão pouco sobre as reais condições atuais da poluição ambiental!

Rachel Carson citou Jean Rostand: "A obrigação de suportar nos dá o direito de saber.", em *Primavera silenciosa*,[35] livro que, já em 1962, faz um importante alerta sobre os efeitos negativos do ambiente poluído sobre nosso corpo e nossa mente. É realmente impressionante que ainda hoje o assunto seja tão pouco explorado. De modo geral, evitamos falar ou temos apenas uma vaga ideia sobre o grande mal que a poluição ambiental é capaz de gerar. Acho fundamental nos conscientizarmos das ameaças e perigos a que estamos expostos.

DR. SERGIO

Nos afastamos demasiadamente das condições naturais às quais o nosso organismo foi originalmente adaptado. As atuais condições exigem que sejam feitas readaptações. Fatores como excesso de luminosidade, barulho e tipo de comida agem como verdadeiros desafios, cujas consequências finais ainda não podemos avaliar.

BEL

A absorção de substâncias químicas poluentes, como os agrotóxicos e as enormes quantidades de hormônios lançadas no meio ambiente, seja pela urina das mulheres que usam anticoncepcionais orais, seja pelo uso de antibióticos, está causando uma progressiva feminização dos machos, que põe em risco sua sobrevivência futura... Ou seja, o *mundo está literalmente mais feminino*. Você poderia falar um pouco mais sobre a poluição estrogênica?

DR. SERGIO

O estrógeno é o principal hormônio liberado pelos ovários femininos, sendo responsável pelas características sexuais femininas. O que pouca gente sabe, no entanto, é que existem vários tipos de estrógenos, com efeitos mais suaves do que o estradiol, mas que podem acionar os receptores estrogênicos. Esses receptores agem como estimulantes do crescimento, principalmente, de mamas, útero e cérebro. O problema com o estrogênio é quando ele fica em excesso no organismo, modificando várias funções orgânicas.

---

[35] CARSON, Rachel. *Primavera silenciosa*. São Paulo: Gaia, 2010. p. 28.

A principal causa desse acúmulo estrogênico pode estar associada às chamadas substâncias xenobióticas... *Xeno* quer dizer "estranho" e *biótico* refere-se à vida. Ou seja, substâncias xenobióticas são *estranhas* aos seres vivos. Elas podem ser encontradas num organismo, mas não são produzidas por ele ou esperadas de existir nele. Por exemplo, os antibióticos são xenobióticos em humanos, porque o corpo humano não os produz nem eles fazem parte da dieta humana.

Uma das substâncias xenobióticas que imitam o estrogênio mais usadas pelas indústrias é a *dioxina*. Ela é utilizada na fabricação de certos agentes químicos que contêm cloro, como agrotóxicos ou produtos para conservar madeira, assim como é liberada durante o branqueamento do papel, a queima de lixo contendo plásticos e papel e a queima de combustíveis fósseis. Comprovou-se, também, que ela reduz à metade a produção de espermatozoides em ratos de laboratório. Toda essa química está contaminando os rios, o solo, o ar e, por consequência, o nosso corpo.

Outro imitador do estrógeno é o *bisfenol A*. Ele é encontrado na resina plástica usada para forrar latas de alimentos, nas garrafas PET e de Tetra Pak. Quando essas embalagens são expostas ao aumento ou à diminuição de calor, desprendem partículas de bisfenol A, que penetram nos alimentos contidos nas embalagens.

BEL

Então, podemos pelo menos evitar ingerir alimentos de garrafas plásticas, latas e embalagens de Tetra Pak! Além de nos empenharmos em comprar alimentos sem agrotóxicos. Quando li que pesticidas que imitam hormônios são encontrados em altas concentrações em tecidos da mama que se tornaram cancerosos, passei a consultar e utilizar diversos *sites* que entregam cestas de alimentos sem agrotóxicos em casa.

DR. SERGIO

De fato, como as mulheres possuem mais estrogênio e, portanto, mais receptores estrogênicos do que os homens, elas são mais vulneráveis aos xenobióticos. Aliás, suspeita-se de que o contato com a água que contém excesso de hormônios esteja antecipando a menstruação das meninas. Um estudo de 2008, baseado em experimentos com animais e dados epidemiológicos, reforça a hipótese de que a exposição fetal a xenoestrógenos seja uma causa subjacente do aumento do câncer de mama nos últimos cinquenta anos.[36] Outro estudo, em 2010, mostrou que baixas doses de bisfenol A

---

[36] Saiba mais: http://pesquisa.bvsalud.org/regional/resources/mdl-17222059.

provocam a tendência ao aumento do câncer de mama.[37] Há, ainda, uma pesquisa mostrando que o bisfenol A pode impedir a ação benéfica da testosterona no cérebro do rato adulto.[38]

Bel

Certa vez, disse a Lama Gangchen Rinpoche: "Desta vez quero olhar para a negatividade de frente. Não vou negá-la". Ele, então, respondeu: "Olhar é bom, mas não a toque. É como quando você assiste ao noticiário na tv. Você vê a negatividade, mas não deixa que ela entre na sua casa. Você pode encarar a negatividade de frente, mas não deixe que ela entre na sua mente".

A maior parte das mensagens de nossa sociedade contém ideias destrutivas e negativas. Basta ligar a tv em qualquer noticiário para nos lembrarmos do quanto o mundo é perigoso. Na tentativa de nos proteger das ameaças cotidianas, ficamos acuados ou nos tornamos tão perversos quanto o ambiente hostil que frequentamos.

Manter a mente limpa é um desafio que requer reflexão constante para não deixar as informações ou pontos de vista negativos nos influenciar. De modo semelhante, para cuidar do corpo, temos de estar conscientes daquilo que ingerimos diariamente...

Segundo Peter Webb, estudioso de permacultura, agricultura biodinâmica e outras práticas autossustentáveis, a base de um meio ambiente saudável é a biodiversidade. Quando os ambientes são monótonos a vida torna-se pobre por falta de estímulos. Frequentar ambientes ricos para nossos órgãos sensoriais aumenta nossa capacidade de regeneração. Pois na diversidade existe uma interatividade saudável na qual as pessoas e o ambiente podem se envolver em diferentes níveis. Por exemplo, cores, sensações táteis, cheiros e variações de espaço, como ver longe e perto, despertam memórias nas pessoas e enriquece suas vidas.

Dr. Sergio

Traçando um paralelo entre o meio ambiente e o meio social, posso dizer que um ambiente monotemático (por exemplo, um grupo de pessoas que falam sempre das mesmas coisas ou pessoas que vivem na miséria) pode ser extremamente empobrecedor e minar a nossa capacidade de adaptação. Portanto, se quisermos aumentar a nossa capacidade de regeneração perante os desafios que a própria sociedade lança sobre nós no dia a dia, não basta ter um corpo

---

[37] Saiba mais: http://pesquisa.bvsalud.org/regional/resources/mdl-20678512.
[38] Saiba mais: http://pesquisa.bvsalud.org/regional/resources/mdl-18048497.

saudável, é preciso frequentar ambientes sociais diversificados, viajar, ou seja, mudar de ambiente com uma certa frequência.

Bel

Como vimos, não temos mais como gerar um meio ambiente totalmente saudável, mas podemos pelo menos nos conscientizar dos danos e procurar, além de minimizá-los, aumentar nossa capacidade de combatê-los.

Capítulo 46

Mudar mesmo quando não acreditamos na mudança

Bel

Todos nós sabemos o quanto é difícil mudar de atitude, mesmo que isso nos propicia um caminho melhor.

O cérebro percorre automática e velozmente os caminhos neuronais já formados há muito tempo. Por isso, fazer o que nos é habitual é tão fácil. Mas quando se trata de formar um novo caminho neuronal, uma nova sinapse, é preciso tempo e esforço para seu aprendizado. É como quando aprendemos a dirigir. No início, temos de prestar atenção em todos os detalhes, mas depois não precisamos mais pensar no que estamos fazendo para dirigir.

O mesmo ocorre com as atitudes mentais. A partir de determinado momento, pensar e reagir de um certo modo se torna tão familiar, que passamos a ter reações automáticas. Por ter, por exemplo, sofrido muitas vezes agressões, uma pessoa pode estar de tal modo familiarizada com o papel de bode expiatório que se sentir agredida se torna um hábito. Ela passa a ver a si mesma como um alvo de ataques e reage automaticamente mesmo quando eles não estão de fato ocorrendo.

Identificar quando estamos reagindo apenas por hábito é a primeira tarefa do autoconhecimento. A segunda é aprender a sair cada vez mais rápido do campo de batalha! Seja ele real ou imaginário...

Pema Chödrön, numa palestra sobre felicidade,[39] comenta que, diante da necessidade de mudanças, podemos nos encontrar em três estados.

Podemos já ter compreendido que certa atitude mental nos faz mal, então saímos dela automaticamente; podemos saber que aquilo nos faz mal, mas estarmos apenas parcialmente convictos de nossa capacidade de mudar, ou podemos saber que aquilo nos faz mal, mas acreditarmos ser impossível mudar.

---

[39] CHÖDRÖN, Pema. *True Happiness*. Louisville: Sounds True, 2006.

No primeiro estado, deixar de agir de modo negativo já não exige mais esforço, pois tornou-se uma escolha. Como desistimos de nos torturar com certa atitude mental, toda vez que ela vem à tona, naturalmente a identificamos e buscamos um modo efetivo de abandoná-la.

Toda vez que percebemos que estamos adotando uma certa postura que nos faz mal, como ficarmos ressentidos, *nos lembramos de optar* por abandoná-la. Essa lembrança é a sabedoria intuitiva que nos diz: "Procure uma saída, dê um salto, caia fora".

No segundo estado, apesar de estarmos convictos de que certa atitude mental é negativa, sentimo-nos propensos a permanecer nela. Seja porque ainda temos a esperança de tirar algum proveito dessa postura ou porque estamos tão familiarizados com ela – isto é, ela faz *tão fortemente parte de nós* – que duvidamos de nossa capacidade de mudar.

Facilmente nos encontramos presos nesse estado: pressionados pela expectativa de ser quem *idealizamos ser* e pela realidade na qual estamos.

Será que já entendemos que de nada adianta cultivar a atitude de que *deveríamos* ou *poderíamos* algo, se não a colocarmos em prática? Viver constantemente em estado condicional apenas nos leva a nos distanciarmos de nós! Afinal, quando estamos sob a custódia de idealizações exigentes, deixamos de nos sentir reais para nós mesmos!

Apesar de já sabermos que não adianta nos culparmos, nos colocarmos para baixo, ainda não temos a capacidade de mudar.

Nesse segundo estado mental, a saída encontra-se em buscar o caminho do meio: não exigir demais de si nem se denegrir. Assim, esse estado de "meia confiança" pode tornar-se um possível ponto de partida. Nele começamos a desenvolver a autocompaixão, tornando-nos mais flexíveis e empáticos em relação a nós mesmos e aos outros. Lenta, mas suavemente, o caminho obstruído começa a se abrir.

Pema Chödrön ressalta que, nesse momento, não importa considerar-se merecedor ou não da mudança, porque a escolha de mudar não é uma questão moral baseada nesse julgamento, mas sim na escolha de melhorar e progredir, isto é, de dar o salto.

Por fim, temos o terceiro estado: quando entendemos que a mudança é necessária e pode nos trazer algo positivo, mas simplesmente não acreditamos em nossa capacidade de mudar.

Ficamos presos nesse estado enquanto ainda acreditamos que essa atitude vai nos trazer algum benefício, mesmo que passageiro. A ideia de não termos de nos esforçar para mudar de algum modo nos conforta. Assim, enquanto não sentirmos angústia, permaneceremos como estamos. No entanto, inevitavelmente, uma hora ou outra, seremos tocados pela dor de tal atitude mental negativa. Então, cada vez que nos sentirmos novamente desesperados, estaremos mais descrentes de que podemos encontrar uma saída. É um círculo vicioso: sofremos, nos acomodamos com o sofrimento e sofremos novamente, mais e mais...

Por isso, não vale a pena cultivar o terceiro estado. Uma maneira de passar desse estado sem saída para o segundo, o da "meia confiança", é reconhecer o bem-estar, ainda que fugaz, que a ideia de mudar nos traz.

O antídoto é a autocompaixão: despertar o desejo de se resgatar do sofrimento. Gradualmente nos tornamos receptivos à ajuda, seja alheia ou de nós mesmos, quando reconhecemos que temos recursos internos que não estávamos usando.

Mesmo sendo difícil mudar um padrão negativo, não nos resta outra escolha se não quisermos continuar sofrendo!

Não estamos condenados a sofrer para sempre. Aliás, a única virtude da negatividade é que ela é impermanente!

Capítulo 47

Dar um novo início para si mesmo, uma nova chance

Bel

Lama Gangchen Rinpoche nos inspira a levar a sério o sentimento de renovação. Pois a cada começo temos uma real oportunidade de mudança. Ele nos lembra que quando iniciamos algo estamos plantando uma nova semente. Se a semente for boa, há chance de crescer. Se for fraca, mesmo tendo as melhores condições, ela não evoluirá.

As sementes plantadas indicam o que vamos colher. Por exemplo, ele insiste que devemos cuidar das primeiras sementes do ano, pois com isso estaremos direcionando o nível energético dos próximos doze meses. Nesse sentido, devemos aproveitar o início de cada ano para refletir sobre a chance de nos proporcionarmos um novo começo.

Começar não é óbvio! Devido ao automatismo com que seguimos nossos compromissos diários, raramente reconhecemos nossa capacidade de "zerar" a nossa vida.

Nos proporcionar um novo início é uma decisão consciente, tomada quando resolvemos nos desprender da pesada carga que trazemos do passado. À medida que diminuímos a sobrecarga de emoções, voltamos a nos sentir disponíveis para nós mesmos. Só quando, de fato, amadurece em nós a decisão de nos desprender do passado é que começamos a nos sentirmos livres, autoconfiantes e capazes de recomeçar.

Lama Gangchen Rinpoche nos incentiva a soltar as mágoas do passado de modo direto, sem lamentos ou delongas. Ele diz:

> Às vezes temos de abandonar as lembranças para viver o presente e nos dar a oportunidade de um novo futuro. Caso contrário, estaremos sempre recriando o passado. Temos de trabalhar para ativar nossas mentes maiores e abandonar as mentes menores.

Mente maior é aquela que está movida pela força de uma atitude mental positiva. Isto é, que lida com o mundo com abertura, aceitação e gentileza.

Mas, infelizmente, estamos tão habituados a reagir, a desconfiar, a negar, que sequer nos damos conta do quanto emanamos a energia de nossos ressentimentos passados ao nos comunicarmos com os outros, no presente.

Feridos, negamos qualquer tentativa de aproximação e resistimos ao *toque* alheio. Quando estamos reativos não temos espaço interior para escutar o outro e dizemos interiormente *não* antes mesmo de ouvir o que ele tem a dizer. Parece que já sabemos de antemão o que vamos ouvir e responder.

Por isso, Rinpoche ressalta que é mais importante *sentir* o que o outro tem a nos dizer do que *entendê-lo*. Ele nos lembra que hoje sofremos da falta do sentimento de compartilhar experiências. Estamos isolados por nossas próprias mágoas.

Com essa atitude defensiva não temos condições de fluir e seguir em frente, muito menos de nos dar uma nova chance! O que fazer? Lama Gangchen Rinpoche nos dá um bom conselho: "Precisamos aprender a diminuir os problemas e aumentar as coisas boas. Isso parece impossível, mas é possível. Buscamos grandes ideias, mas o que precisamos é abrir o coração".

A propósito de abrir o coração, certa vez durante um ensinamento, perguntei a Lama Gangchen Rinpoche, o que ele pensava sobre o perdão. Estávamos em um grupo de quase trezentas pessoas e por aproximadamente duas horas ele indagou o que cada um nós queria dizer com a palavra *perdão*. Naturalmente surgiram as mais diversas respostas. Ao final ele disse: "Tudo o que vocês disseram é muito bom, muito bonito. Mas ficamos aqui dando voltas em torno do principal, que é perdoar!". Em poucas palavras, Rinpoche nos disse que o mais importante não é a ideia que temos sobre o perdão, mas sim o ato de perdoar. Creio que muitas vezes o mesmo ocorre com nosso projeto de nos dar uma nova chance de vida. Podemos ter muitas ideias de como ou quando iremos fazer isso, mas o que realmente importa é fazer!

Para tanto, precisamos começar. Como costuma dizer a astróloga Márcia Mattos: "É preciso ter um pouco de algo, para atrair mais daquilo". Nesse sentido, pequenas mudanças são a base para gerar grandes transformações.

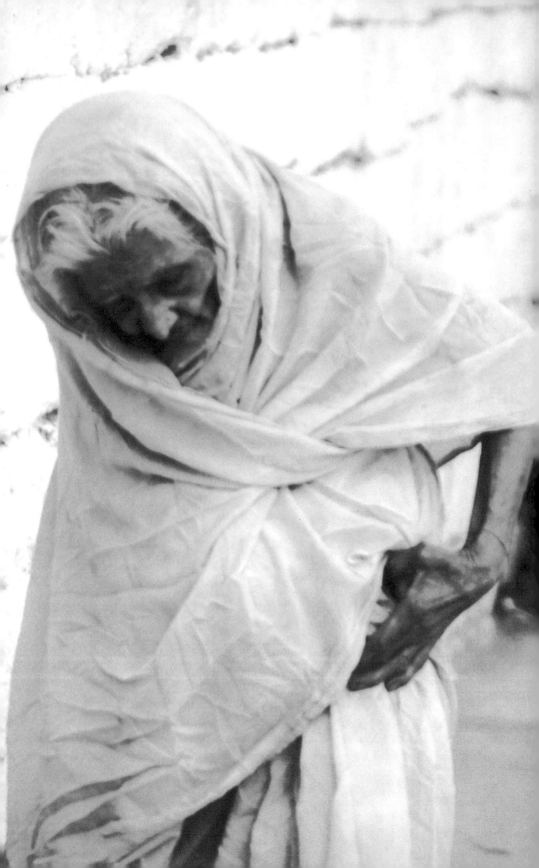

Capítulo 48
O excesso de estresse acelera o envelhecimento

Com Lama Michel Rinpoche

LAMA MICHEL RINPOCHE

Precisamos considerar que a saúde da sociedade é feita da saúde dos seus indivíduos, e que portanto é necessário, desde cedo, ter consciência da importância da estabilidade emocional e aprender a lidar com a vida com menos estresse. Hoje em dia se vive sem ter consciência das consequências das próprias ações.

DR. SERGIO

Isso é típico desses últimos dez, vinte anos.

BEL

É, e infelizmente você não consegue passar esse recado para a turma que está acelerando seu processo de envelhecimento, fumando, bebendo muito, dormindo pouco...

DR. SERGIO

Eu tenho casos de jovens entre vinte e trinta anos que envelheceram precocemente por uso de drogas. Aliás, as drogas e o álcool são os maiores aceleradores do envelhecimento que conheço.

LAMA MICHEL RINPOCHE

Noto isso até mesmo nas pessoas que não usam drogas, mas vivem estressadas...

DR. SERGIO

O excesso de estresse é também um importante fator para acelerar o envelhecimento.

É bom lembrar que o nosso organismo foi programado para funcionar plenamente até os trinta anos, depois começam as quedas hormonais e o envelhecimento. É claro que o processo de envelhecimento é um fenômeno mais complexo. Ele é acompanhado por outras mudanças também, de modo que enfrentar os problemas após uma certa fase da vida sempre será uma tarefa mais difícil do que na juventude.

Lama Michel Rinpoche

O ponto é que precisamos estar em contato com a realidade, e não viver em um mundo idealizado. Seria legal se a gente pudesse criar uma tabela dizendo quais são as atitudes que vão fazer você envelhecer mais rápido e qual é o resultado desse envelhecimento.

Dr. Sergio

Na verdade, é possível estatisticamente prever os anos de vida que você perde ao optar por certos hábitos ou alimentação. Mas o envelhecimento não é um processo uniforme, ele é difuso. Você pode começar a envelhecer pela pele, com o aparecimento das rugas, mas manter-se conservado por dentro, ou você pode não ter ruga alguma mas estar com o sistema vascular envelhecido e ter um enfarte fulminante. Pela minha observação clínica, os grandes fatores de envelhecimento são: drogas, álcool, estresse, falta de sono e depressão.

Lama Michel Rinpoche

Por isso eu insisto na importância de uma educação não formal sobre o que é necessário para ter boa saúde.

Bel

É o que estamos buscando fazer com nosso livro. Aliás, muito obrigada por ter participado dele!

Capítulo 49
O sutil desequilíbrio do envelhecimento

BEL

Dr. Sergio, com certeza o estresse acelera o processo de envelhecimento fazendo que a pessoa se torne mais velha do que a sua idade em termos físicos ou biológicos. Mas creio que o contrário também pode ser verdadeiro. Ou seja, se nos mantivermos saudáveis, podemos nos manter biologicamente mais jovens que nossa idade cronológica. O que determina nosso ritmo de envelhecimento?

DR. SERGIO

O ritmo do envelhecimento é algo bem particular, como podemos perceber. Vários fatores podem alterar esse ritmo acelerando-o ou diminuindo-o. Entre eles estão os *fatores hereditários* (famílias com histórico de longevidade, por exemplo), a *alimentação* (a obesidade é um fator de envelhecimento precoce) e o *estresse* (manter níveis mais baixos de cortisol e de moléculas pró-inflamatórias liberadas no processo de estresse prolonga a vida).

Mas é bom lembrar que o nosso organismo foi programado para funcionar plenamente até por volta dos trinta anos. A partir dessa idade, começam as quedas hormonais e o envelhecimento.

Ao redor dos 25 anos, com a diminuição da produção do hormônio do crescimento no organismo, tem início um lento processo de involução, que se dá de modo semelhante à descida de uma escadaria cujos degraus são irregulares. Alguns degraus são especialmente pronunciados, indicando períodos em que ocorre maior envelhecimento ou involução.

Ao contrário do que se pensa, o envelhecimento não é progressivo, ele se dá por etapas.

BEL

Você quer dizer que mesmo já tendo entrado no processo de envelhecimento em alguns períodos não envelhecemos?

Dr. Sergio

Isso mesmo. Agora outra questão interessante é que o tempo não é algo absoluto. Quer dizer, cada um interpreta o tempo de modo particular. Ele é literalmente individual. E a prova disso é que nossos ritmos são diferentes.

Bel

Explique melhor.

Dr. Sergio

O ciclo circadiano se dá em *aproximadamente* 24 horas, ele pode ser mais longo ou mais curto dependendo do indivíduo. É isso, inclusive, que determina nossos hábitos e horários particulares de dormir e acordar.

Bel

Quer dizer então que uma pessoa que tem um ciclo circadiano maior do que 24 horas tem disposição até mais tarde da noite do que uma cujo ciclo é menor?

Dr. Sergio

Exatamente. A sensação de que o dia já terminou surge antes para quem tem um ritmo circadiano mais acelerado, ou seja, menor do que 24 horas.

Aliás, é importante ter isso em mente quando se trata, por exemplo, de avaliar os distúrbios do sono. Um indivíduo que tem um ciclo maior terá sono necessariamente mais tarde e pode interpretar esse fato como insônia.

Bel

Essa diferença de ritmos cria mais dificuldade para a pessoa se adaptar nos períodos de horário de verão?

Dr. Sergio

Na verdade, o horário de verão pode favorecer algumas pessoas. Por exemplo, as que têm um ciclo maior se sentem mais bem-adaptadas nesse período do ano, pois a noite começa mais tarde. Já as que têm um ciclo de menos de 24 horas têm grande dificuldade, principalmente no início da mudança de horário, e sentem um verdadeiro alívio quando ele termina.

Bel

É de fato muito interessante pensar no quanto algo que nos parece óbvio, como o tempo, na verdade é relativo e depende de fatores individuais.

Dr. Sergio

De fato, cada um interpreta o tempo internamente de forma particular. E isso naturalmente irá se refletir no uso que o indivíduo faz do tempo.

É interessante ainda destacar que o processo de envelhecimento um dia chega ao fim, de modo que a partir de um determinado momento a pessoa para de involuir. Em geral, as pessoas idosas, quando ultrapassam todas as etapas do envelhecimento, param de envelhecer. Algumas raras chegam a atingir o limite de 120 anos! O problema é que poucos indivíduos chegam até esse estágio, a grande maioria morre nessa jornada.

O fato é que nós estamos programados para envelhecer e morrer de acordo com o nosso código genético. Mas alguns organismos vivos e alguns animais não estão.

Bel

Como assim?!

Dr. Sergio

Dentro de um comparativo de espécies, os seres vivos que não possuem consciência – enquanto percepção de si mesmo e do ambiente – vivem mais. As bactérias são um exemplo clássico. Podemos ter algumas delas com milhares de anos circulando entre nós.

Bel

Claro! Como esses seres não têm percepção de si mesmos nem das ameaças do ambiente, eles podem se safar do estresse!

Dr. Sergio

Pois é, outro exemplo é o peixe esturjão, cujas ovas são o caviar. Ele vive muito, já que não atinge a fase da involução. Esse peixe, como também certas tartarugas, pode viver por centenas de anos, porque permanece sempre liberando o hormônio do crescimento. Em geral, ele morre vítima de acidentes ou de predadores.

Bel

É muito interessante pensar sobre isso! Qual é a teoria mais atual sobre o envelhecimento?

Dr. Sergio

Uma das teorias de envelhecimento mais recentes, facilmente observada na prática, é a desidratação progressiva das células no idoso.

Veja bem, quando somos jovens, temos em média 70% de água no corpo. Já no idoso isso cai para uns 40%. Ou seja, os órgãos, como pulmões, fígado, cérebro, músculos e coração, vão desidratando.

O primeiro sintoma de desidratação observável no envelhecimento acontece na pele. O interior das células vai perdendo água.

A capacidade da célula manter a água é um processo ativo, que requer energia. À medida que a pessoa envelhece, a célula vai murchando, tornando-se muito compactada; por isso, passa a não funcionar direito. É como estar em uma sala lotada de gente: você não consegue circular.

BEL

E como a medicina do antienvelhecimento lida com isso?

DR. SERGIO

Controlando os fatores de crescimento, como o IGF-1 (em inglês, *insulin-like growth factor 1*, ou fator 1 de crescimento semelhante à insulina), que ajudam a manter a hidratação dentro da célula.

BEL

Como se fabrica o IGF-1?

DR. SERGIO

Com muito exercício físico, pode-se compensar a eventual perda genética. Pessoas que fazem exercícios são menos vulneráveis ao estresse. Para algumas, correr quinze minutos por dia já faz uma grande diferença. O exercício funciona basicamente como antidepressivo porque BDNF e IGF-1 melhoram a capacidade do cérebro de perceber a realidade e conectar-se a ela. Por isso algumas pessoas, principalmente atletas, quando param de praticar, afundam na depressão.

Outra teoria do envelhecimento baseia-se na diminuição dos telômeros. Leonard Hayflick, professor da Universidade da Califórnia observou *in vitro* que as células da pele, por exemplo, têm uma capacidade-limite de se dividir cinquenta vezes, depois disso, elas não se reproduzem mais. À medida que as células se aproximam do seu limite de reprodução, surgem os sinais de envelhecimento. Esse fenômeno, que explica o processo de envelhecimento, passou a ser conhecido como *limite de Hayflick*.

Hayflick observou que a cada ciclo de reprodução celular, haveria uma perda de uma pequena continuação dos cromossomos conhecida como telômeros.

Os telômeros são estruturas de proteínas e DNA que se encontram nas extremidades dos cromossomos. Cada vez que uma célula se divide, eles são ligeiramente encurtados, como o pavio de uma vela. Quando esses telômeros desaparecem, essas células não mais se replicam. Simplesmente envelhecem e morrem em seguida. Todos os dias nossas células são trocadas. Costuma-se dizer que viver é como levantar voo e ir trocando as peças do avião durante a viagem.

BEL

De fato, é como querer acender uma vela que não tem mais pavio. É impossível.

DR. SERGIO

Pois é, quando os telômeros acabam, termina a nossa chama da vida.

BEL

Você quer dizer então que, em teoria, a pessoa já nasce com um *quantum* de capacidade de divisão das células? Ou seja, somos programados geneticamente para ter um *quantum* de vida?

DR. SERGIO

É difícil dizer isso.

BEL

É interessante, porque, segundo o Budismo, já nascemos com uma duração de vida predeterminada, ou seja, cada pessoa nasce com uma quantidade *x* de "respirações da vida". A cada 760 inspirações e expirações nós perdemos uma "respiração da vida". Portanto, em um dia nós perdemos, em média, 21 delas. Os praticantes de meditação que aprendem a controlar essa respiração sabem como prolongar seu tempo de vida. Há um modo de controlar a diminuição dos telômeros?

DR. SERGIO

Existe uma enzima capaz de repor o telômero, chamada telomerase. Enquanto há telomerase, as células podem se multiplicar sem apresentar defeitos. Quanto menos telomerase houver, mais a pessoa envelhece. Em casos de estresse agudo, por exemplo, ou de um grande susto, a telomerase aumenta, pois dessa forma a pessoa está se preparando para lutar, para sobreviver. Mas no estresse crônico, ou seja, quando a pessoa vive em constante estado de alerta, isso não acontece. Por isso, o estado de estresse permanente envelhece e mata.

BEL

Ou seja, o segredo do antienvelhecimento está em não aumentar a demanda de defesa do corpo.

Dr. Sergio

É muito importante aceitar nossos limites, porque assim podemos reduzir nossa carga alostática gerada pelos seguidos choques de estresse.

Bel

O que seria exatamente a carga alostática?

Dr. Sergio

A alostase é a capacidade de adaptação diante do estresse. Ou seja, é a modificação que deve ser feita pelo organismo para se adaptar a determinada demanda externa. A carga alostática é o limite de alostase necessário ao organismo para entrar numa situação de homeostase, quer dizer, para ser capaz de encontrar um equilíbrio entre suas necessidades internas e as influências do meio ambiente.

Por exemplo, se o lugar onde moramos se tornou perigoso, temos de aumentar a nossa carga alostática para ajustar nosso corpo ao excesso de demanda de cortisol. Nosso organismo precisa achar um novo ponto de equilíbrio para "trabalhar" com a situação que se apresenta.

Bel

E o que fazemos para ajustar a carga alostática?

Dr. Sergio

Comemos carboidratos! Como hoje em dia os sinais de ameaça são pouco definidos e o isolamento é maior, há um aumento constante do cortisol. O que faz baixar o cortisol? A insulina, que é gerada quando comemos pães, massas e pizzas... Por isso, comer acalma. Mas se a situação perdura, com o tempo criamos uma resistência maior à insulina. Se antes comer um croissant nos acalmava, agora precisamos comer três! A resistência à insulina faz aumentar a gordura abdominal, o colesterol e os processos inflamatórios. O que mata as pessoas, causa câncer, é a resistência à insulina. Algumas pessoas têm mais predisposição a ela por fatores genéticos; outras têm um péssimo estilo de vida, sendo muito sedentárias e comento mais do que o necessário.

À medida que se perde a capacidade de gerar a carga alostática, manifesta-se a hipertensão arterial, a obesidade, a diabetes e os distúrbios de imunidade. Por isso, para vivermos mais, temos de economizar a nossa capacidade de alostase.

Bel

Envelhecer é inevitável, porém, hoje em dia já temos condições de prevenir e tratar a maioria das doenças que surgem com o avanço da idade. Mas em nossa cultura há o estigma de que devemos aceitar o envelhecimento e não ir *contra a natureza* lançando mão de terapias como a do antienvelhecimento.

DR. SERGIO

Aí esbarramos em um problema diretamente relacionado com o modo como a sociedade ocidental é estruturada. É muito interessante o fato de as populações mais longevas se encontrarem exatamente entre os povos que valorizam o idoso. Um bom exemplo são os Kunzas, que vivem nas montanhas do Afeganistão, divididos em povoados. Nessa cultura os idosos se mantêm ativos e preservam sua importância, chegando facilmente até os cem anos. Exceção feita aos líderes políticos dos povoados, que, em geral, morrem cedo.

O processo de envelhecimento é um fenômeno complexo. Com a idade, temos de capitalizar nossos conhecimentos e experiências para compensar as deficiências químicas.

BEL

Sem dúvida, a ciência tem evoluído de modo mais acelerado do que a nossa capacidade de absorver o que ela oferece. Mas se não cultivarmos a abertura necessária para superar os estigmas do passado e incluir as possibilidades inovadoras, não estaremos aptos a usufruir dos benefícios dos avanços da medicina.

Nestes momentos gosto de lembrar algumas frases que anotei durante uma reunião que tivemos com Lama Gangchen Rinpoche para resolver uma situação estressante:

Haverá esperança enquanto decidirmos permanecer ligados a uma mente que está comprometida em sentir algo mais, que dê à nossa vida significado.

Haverá esperança enquanto, mesmo sem entender, formos capazes de nos manter abertos.

Haverá esperança enquanto estivermos comprometidos com uma mente maior, deixando de seguir os medos das mentes menores.

Não é preciso concordar, mas tampouco precisamos rejeitar

Há esperança enquanto houver abertura para a comunicação.

E qual é a sua frase?

DR. SERGIO

De realização em realização, chegamos à felicidade!

Glossário

Adrenalina ou epinefrina: hormônio que, em momentos de estresse, as suprarrenais secretam em quantidades abundantes para preparar o organismo para grandes esforços físicos, pois ele estimula o coração, eleva a tensão arterial, relaxa certos músculos e contrai outros.

Aldosterona: hormônio esteroide (da família dos mineralcorticoides) sintetizado na zona glomerulosa do córtex das glândulas suprarrenais responsável pela regulação do balanço de sódio e potássio no sangue.

Alzheimer: é uma doença degenerativa atualmente incurável mas que possui tratamento. Cada paciente de Alzheimer sofre a doença de forma única, mas existem pontos em comum, por exemplo, o sintoma primário mais frequente é a perda de memória. Muitas vezes os primeiros sintomas são confundidos com problemas de idade ou de estresse. Quando a suspeita recai sobre o mal de Alzheimer, o paciente é submetido a uma série de testes cognitivos e radiológicos. Com o avançar da doença vão aparecendo novos sintomas, como confusão mental, irritabilidade e agressividade, alterações de humor, falhas na linguagem e perda de memória a longo prazo, e o paciente começa a desligar-se da realidade. Com o passar dos anos, conforme os neurônios morrem e a quantidade de neurotransmissores diminui, aumenta a dificuldade de reconhecer e identificar objetos e executar movimentos. Durante a última fase do mal de Alzheimer, o paciente torna-se completamente dependente das pessoas que tomam conta dele. A linguagem fica reduzida a simples frases ou até a palavras isoladas, levando, eventualmente, a perda total da fala. Apesar da perda da linguagem verbal, os pacientes podem compreender e responder com sinais emocionais. No entanto, a agressividade ainda pode estar presente, e a apatia extrema e o cansaço são bastante comuns. Por fim, vem a morte, normalmente causada por outro fator externo, como a pneumonia, por exemplo.

Amit Goswami: físico indiano, filho de um guru hinduísta, doutorado em física nuclear, pesquisador e professor titular de física teórica da Universidade de Oregon, nos Estados Unidos, por 32 anos a partir de 1968. Alia, em seu trabalho, o conhecimento de tradições místicas e a exploração científica, buscando unificar espiritualidade e física quântica. Participou do filme chamado *Quem somos nós? (What the Bleep Do We Know?)*.

Anorexia: disfunção alimentar, caracterizada por uma rígida e insuficiente dieta alimentar (resultando em baixo peso corporal) e estresse físico. A anorexia nervosa é uma doença complexa, envolvendo componentes psicológicos, fisiológicos e sociais. A taxa de mortalidade da anorexia nervosa é de aproximadamente 10%, uma das maiores entre os transtornos psicológicos.

Antidepressivos: são drogas que atuam diretamente no cérebro, modificando e corrigindo a transmissão neuroquímica em áreas do sistema nervoso que regulam o estado do humor (o nível da vitalidade, energia, interesse, emoções e a variação entre alegria e tristeza), quando ele está negativamente afetado num grau significativo.

Antienvelhecimento ou **medicina antiaging:** área de estudo médico que busca modos de deter o processo de envelhecimento ou atenuar os seus sinais por meio da suplementação nutricional, da reposição hormonal, da mudança de hábitos alimentares, de exercícios físicos e também de procedimentos invasivos, tais como cirurgias plásticas e procedimentos estéticos.

António Damásio: um médico neurologista, neurocientista português que trabalha nos estudos do cérebro e das emoções humanas. Nascido em Lisboa, em 1944, atualmente é professor de Neurociência na University of Southern California.

Autocura Tântrica NgalSo ou **NgelSo:** investigação e desenvolvimento da ciência interna; e está disponível a todos que desejam se curar, curar os outros e o meio ambiente.

BDNF (em inglês, brain-derived neurotrophic factor, ou fator neurotrófico derivado do cérebro): proteína fabricada pelos neurônios – exerce vários efeitos no sistema nervoso central, como crescimento, diferenciação e reparo dos próprios neurônios.

Benzodiazepínicos: grupo de fármacos ansiolíticos utilizados como sedativos, hipnóticos, relaxantes musculares e anticonvulsionante. Causam dependência psicológica e física, dependendo da dosagem e da duração do tratamento. A dependência física estabelece-se após seis semanas de uso, mesmo que moderada. Os problemas de dependência e abstinência/privação são comparáveis aos causados por outras substâncias, tendo-se transformado, nos países onde o uso é mais generalizado, num problema de saúde pública, que só agora começa a ser reconhecido em sua verdadeira escala. Entre os diferentes benzodiazepínicos existentes encontram-se clordiazepóxido (Librium, Psicosedin), diazepam (Valium), clonazepam (Rivotril), bromazepam (Lexotan), alprazolam (Frontal), lorazepam (Lorax) e cloxazolam (Olcadil).

Bioquímica: química corporal.

Budismo Tibetano: também chamado *Vajrayana*, é uma forma distintiva do Budismo que surgiu no 7º século no Tibete, e posteriormente se estendeu a toda a região do Himalaia, incluindo Butão, Nepal e Sikkim. O Budismo Tântrico é mais um método de ciência interior do que uma religião, pois não há dogmas nem catecismos. A confiança nos ensinamentos de Buddha nasce de sua própria descoberta da mesma verdade e de sua própria experiência dos resultados benéficos desses ensinamentos.

Caminhos neuronais: conjunto de neurônios que se comunicam, formando uma rede que, uma vez ativada, tem uma função específica .

Células-tronco: células primitivas, produzidas durante o desenvolvimento do organismo e que dão origem a outros tipos de células. Uma de suas principais aplicações é produzir células e tecidos para terapias medicinais.

Chögyam Trungpa Rinpoche (1939-1987): um dos mestres de meditação da linhagem do Budismo Tibetano mais dinâmicos do século XX. Pioneiro, trouxe os ensinamentos budistas do Tibete para o Ocidente, e a ele se deve a introdução de muitos conceitos budistas na língua inglesa de uma maneira nova e única. Fundou a Universidade Naropa, primeira instituição de ensino superior de inspiração budista das Américas, assim como uma rede de mais de uma centena de centros de meditação pelo mundo todo. Escreveu muitos livros sobre meditação, budismo, poesia, arte e sobre o caminho Shambhala da condição guerreira.

Colesterol: tipo de gordura (lipídio) encontrada naturalmente em nosso organismo, fundamental para o seu funcionamento normal. O colesterol é o componente estrutural das membranas celulares em todo nosso corpo e está presente no cérebro, nervos, músculos, pele, fígado, intestinos e coração. Nosso corpo usa o colesterol para produzir vários hormônios, vitamina D e ácidos biliares que ajudam na digestão das gorduras. Setenta por cento do colesterol é fabricado pelo nosso próprio organismo, no fígado, e os outros 30% vêm da dieta.

Córtex cingular anterior: área cerebral responsável por sentimentos desconfortáveis e pela experiência de dor.

Córtex suprarrenal: Camada mais externa da glândula suprarrenal que influi no desenvolvimento das glândulas e em todas as características da sexualidade.

Cortisol: hormônio corticosteroide produzido pela glândula suprarrenal e que se relaciona à resposta ao estresse; ele aumenta a pressão arterial e o açúcar no sangue, além de suprimir o sistema imunitário.

Cronobiologia: ciência que estuda os ritmos e os fenômenos físicos e bioquímicos periódicos que ocorrem nos seres vivos. É uma área recente da biologia contemporânea que estuda os relógios biológicos. Ou seja, os ritmos biológicos que cada ser humano tem, traduzidos em alguns hábitos diários.

Daniel Siegel: professor de psiquiatria clínica da Faculdade de Medicina da Universidade da Califórnia, Los Angeles. É também o diretor-executivo do *Mindsight Institute*, uma organização educacional que se concentra em como o desenvolvimento da visão da mente de indivíduos, famílias e comunidades pode ser reforçada pela análise da interface das relações humanas e de processos biológicos fundamentais. Sua prática inclui psicoterapia de crianças, adolescentes, adultos, casais e famílias.

DHEA (deidroepiandrosterona): pró-hormônio esteroide produzido a partir do colesterol pelas glândulas adrenais, gônadas, tecido adiposo, cérebro e pele. É o esteroide precursor quase direto (mas não o mais importante) da testosterona e do estradiol. Considera-se que 50% dos hormônios masculinos e 70% dos femininos são derivados do DHEA. É o hormônio mais abundante no corpo humano. Por volta dos seis ou sete anos de idade inicia-se uma elevação de seus níveis. Sua produção alcança o máximo no início da vida adulta (em torno dos vinte e poucos anos) e declina com a idade tanto em homens quanto em mulheres. Considera-se que aos quarenta anos o organismo produz a metade de DHEA que produzia antes. Já aos 65 anos a produção cai para 10% a 20% da quantidade considerada ideal e aos oitenta, cai para menos de 5% desse nível.

Distúrbio bipolar ou **transtorno bipolar:** categorizado pelo DSM-IV (Manual Diagnóstico e Estatístico de Transtornos Mentais) e pelo CID-10 (Classificação Estatística Internacional de Doenças e Problemas Relacionados à Saúde) como uma forma de transtorno de humor caracterizada pela variação extrema do humor entre uma fase maníaca ou hipomaníaca, hiperatividade e grande imaginação e uma fase de depressão, inibição, lentidão para conceber e realizar ideias e ansiedade ou tristeza. Juntos esses sintomas são comumente conhecidos como *depressão maníaca*.

Glossário

Distúrbios mentais ou **síndromes psíquicas e de comportamento**: geram angústia e causam danos em importantes áreas do funcionamento psíquico, afetando o equilíbrio emocional, o rendimento intelectual e o comportamento social adaptativo.

Doenças psicossomáticas: aquelas provocadas por distúrbios emocionais, como estresse, depressão, ansiedade e descontrole dos processos mentais.

Dopamina: neutrotransmissor, precursor natural da adrenalina e da noradarenalina. Tem como função a atividade estimulante do sistema nervoso central. A dopamina é secretada tanto no auge do prazer como no prazer por antecipação. Ela é o neurotransmissor da "saliência do ambiente", responsável por detectar as alterações do meio, sejam elas relevantes ou não. Quando "solicitada", ela aumenta, nos obrigando a fixar a atenção em determinado fato, colocando em ação mecanismos de memória comparativa. O objetivo é nos avisar se corremos ou não algum tipo de perigo.

Eixo de estresse: sistema integrado que se inicia no cérebro (hipotálamo) e termina nas glândulas suprarrenais, produtoras dos hormônios que nos adaptam ao estresse (cortisol, adrenalina e noradrenalina).

Elementos: os cinco elementos constitutivos do corpo físico e do mundo externo são: a terra, a água, o fogo, o ar e o espaço. No Budismo Vajrayana, o elemento significa a natureza fundamental do despertar, presente em todo o ser humano.

Enzimas antioxidantes: protetores naturais das funções celulares vitais contra os efeitos nocivos dos radicais livres ou oxidantes celulares. Avalia o grau de estresse oxidativo.

Epigenética: estudo dos mecanismos moleculares por meio dos quais o meio ambiente influencia a atividade genética. "Epi" significa "em cima", ou seja, a influência epigenética é o que acontece em nível ambiental para ativar ou desativar determinados genes. São considerados elementos epigenéticos: os fatores bióticos e abióticos, o estilo de vida (atividade física, hábitos de sono, alimentação, complementação alimentar, níveis de estresse), a postura psicológica diante dos fatos e os condicionamentos sociais, como noticiários, internet, filmes, música, cinema, moda etc.

Estabilizadores de humor: substâncias utilizadas para a manutenção da estabilidade do humor, não sendo essencialmente antidepressivas nem sedativas. Internacionalmente reconhecem-se três substâncias capazes de desempenhar tal papel: o lítio, a carbamazepina e o ácido valproico – mais recentemente fala-se do divalproato de sódio.

Estado paranoide: estado mental de desconfiança exagerada e receio constante de ser rejeitado, atacado ou agredido verbal ou mesmo fisicamente. O transtorno paranoide é um estado de hipervigilância estável que gera um considerável estado de tensão física e emocional no indivíduo. A coisa mais difícil é fazer um paranoico mudar de opinião. Ele pode até mesmo concordar com você num determinado momento, mas logo você vai ouvi-lo afirmar as mesmas coisas que afirmava antes de discutirem.

Estradiol: principal e mais potente hormônio estrogênico endógeno. Secretado pelos folículos ovarianos, adrenais, corpo lúteo, placenta e testículos. É produzido também no tecido adiposo em homens e em mulheres no climatério. O estradiol também é responsável pela manutenção dos tecidos do organismo, garantindo a elasticidade da pele e dos vasos sanguíneos e a reconstituição óssea, entre outras funções.

Estresse: a soma de respostas físicas e mentais causadas por determinados estímulos externos (estressores) que permitem ao indivíduo (humano ou animal) superar determinadas exigências do meio ambiente e o desgaste físico e mental causado por esse processo.

Estresse crônico: estresse contínuo que prejudica a capacidade de resposta do sistema imunitário aos hormônios glicocorticoides que normalmente são responsáveis pelo fim da resposta inflamatória que se segue a uma infecção e/ou dano. Como no estresse crônico os mecanismos de adaptação são ineficientes, há um contínuo déficit das reservas de energia; como consequência, o organismo já não é capaz de equilibrar-se por si só.

Estrógeno: categoria de hormônios, sendo os mais conhecidos (chamados de estrógenos ativos) o estradiol, a estrona e o estriol. É produzido pelo folículo ovariano em maturação. Esse hormônio é fabricado pelos ovários e liberado na primeira fase do ciclo menstrual. Além de ser responsável pela textura da pele feminina, está relacionado ao equilíbrio entre as gorduras no sangue, colesterol e HDL-colesterol.

Exitotoxicidade: processo patológico pelo qual as células nervosas são danificadas e mortas por excesso de estimulação por neurotransmissores como glutamado e substâncias similares.

Fluoxetina (Prozac): classe de medicamentos chamados inibidores da recaptação da serotonina, usada para tratar depressão, desordem obsessivo-compulsiva, bulimia nervosa e desordem do pânico.

Glândula pineal ou **epífise**: (não confundir com hipófise) está situada na parede posterior do teto do diencéfalo e tem origem ependimária (ligação com o teto do terceiro ventrículo ou ventrículo médio). Tem forma ovoide e lembra um caroço de azeitona. O interesse pela glândula é bastante antigo sendo que seus primeiros estudos datam de 300 a.C.; o filósofo francês René Descartes (1596-1650) se interessava por ela, atribuindo-lhe a função de ser sede da alma. De lá para cá foram feitas várias pesquisas, sendo algumas sem nenhum fundamento e só as mais recentes têm dado alguma contribuição científica.

Glândula pituitária ou **hipófise**: glândula situada na sela túrcica (uma cavidade óssea localizada na base do cérebro), que se liga ao hipotálamo através do *pedículo hipofisário* ou *infundíbulo*. A hipófise é uma glândula que produz numerosos e importantes hormônios, por isso antigamente era reconhecida como glândula-mestra do sistema nervoso. Hoje sabe-se que grande parte das funções dessa glândula são reguladas pelo hipotálamo. Possui dimensões aproximadas às de um grão de ervilha, pesando de 0,5 a 1 grama. É responsável pela regulação da atividade de outras glândulas e de várias funções do organismo, como o crescimento e a secreção do leite através das mamas.

Glicemia: concentração de glicose no sangue.

Gônadas: glândulas reprodutivas – os testículos e os ovários. Além da sua função reprodutiva, as gônadas são também glândulas do sistema endócrino, responsáveis pela produção de hormônios sexuais.

Grelina: conhecida como o hormônio da fome, por ser um estimulante de apetite, é produzida principalmente pelo estômago, mas também pelas células épsilon do pâncreas e pelo hipotálamo. Quando o estômago fica vazio, ele intensifica a secreção da grelina, que atua no cérebro dando a sensação de fome. Quando nos alimentamos a secreção da grelina diminui e a sensação da fome passa. A grelina também tem um papel importante no aprendizado, na memória e na adaptação a novos ambientes.

Guelek Rinpoche: renomado mestre do Budismo Tibetano. Nascido em Lhasa, no Tibete, em 1939, foi reconhecido como Lama encarnado aos quatro anos de idade. Cuidadosamente tutelado desde cedo por alguns dos maiores mestres vivos do Tibete, ele ganhou notoriedade pelo seu poder de memória, julgamento intelectual e discernimento penetrante. Parte da última geração de Lamas educados no mosteiro de Drepung antes da invasão comunista chinesa do Tibete, Guelek Rinpoche foi forçado a fugir para a Índia em 1959. Em 1988, fundou nos Estados Unidos o centro budista tibetano *Joia do Coração*. De várias maneiras ele desempenhou um papel crucial na sobrevivência do Budismo Tibetano.

Gueshe Chekawa (1102-1176): grande mestre Kadampa de meditação budista tibetana, o autor do texto-raiz *Treino da mente em sete pontos*: uma explicação de instruções de Buddha sobre o treinamento da mente (*Lodjong* em tibetano). Esses ensinamentos revelam como os praticantes podem transformar as condições adversas no caminho para a iluminação.

Hidrocortisona: o cortisol como substância de uso oral ou injetável.

Hipercortisolemia: doença causada por exposição prolongada do organismo a níveis elevados do cortisol.

Hipnóticos: fármacos capazes de induzir o sono. Entre eles estão os benzodiazepínicos e os barbitúricos.

Hipotálamo: região do encéfalo dos mamíferos, de tamanho aproximado ao de uma amêndoa, localizada sob o tálamo, tendo como função regular determinados processos metabólicos e outras atividades autônomas. O hipotálamo liga o sistema nervoso ao sistema endócrino sintetizando a secreção de neuro-hormônios, por isso é também chamado de "liberador de hormônios". Também controla a temperatura corporal, a fome, a sede e os ciclos circadianos.

Hormônio adrenocorticotrófico (ACTH): polipeptídeo com 39 aminoácidos produzido pelas células corticotróficas da adeno-hipófise. Atua sobre as células da camada cortical da glândula suprarrenal, estimulando-as a sintetizar e liberar seus hormônios, principalmente o cortisol, também estimula o crescimento dessa camada.

Hormônio luteinizante ou **LH** (em inglês, *luteinizing hormone*): proteína reguladora da secreção da progesterona na mulher que controla o amadurecimento dos folículos de Graaf, a ovulação e a iniciação do corpo lúteo. No homem, estimula as células de Leydig a produzir a testosterona, que é o hormônio responsável pelo aparecimento dos caracteres sexuais secundários masculinos e pelo apetite sexual.

Hormônios: substâncias químicas que transferem informações e instruções entre as células, em animais e plantas. Também chamados de "mensageiros químicos do corpo", os hormônios regulam o crescimento e o desenvolvimento, controlam as funções de muitos tecidos, auxiliam as funções reprodutivas e regulam o metabolismo (o processo usado pelo organismo para produzir energia a partir dos alimentos). Diferentemente das informações enviadas pelo sistema nervoso, que são transmitidas via impulsos elétricos e se deslocam rapidamente, tendo efeito quase imediato e de curto prazo, os hormônios são mais vagarosos e seus efeitos mantêm-se por um período mais longo.

Hormônios corticosteroides: nome dado a um grupo de hormônios esteroides produzidos pelas glândulas suprarrenais ou a derivados sintéticos desses.

Hormônios de crescimento, somatotrofina ou **GH** (em inglês, *growth hormone*): uma proteína e um hormônio sintetizado e secretado pela glândula hipófise anterior. Estimula o crescimento e a reprodução celulares em humanos e outros animais vertebrados.

Hormônios de estresse: o cortisol, a corticotropina (CRF), a adrenalina, a vasopressina, a prolactina, o hormônio somatotrófico (GH) e o hormônio estimulador da tireoide (TSH).

Hormônios sexuais: substâncias produzidas nas gônadas, testosterona nos testículos (em indivíduos do sexo masculino) e progesterona e estrógeno nos ovários (em indivíduos do sexo feminino). Durante a infância esses hormônios são inibidos, tendo sua produção iniciada durante a puberdade.

IGF-1(em inglês, *insulin-like growth factor 1, ou* fator 1 de crescimento semelhante à insulina): é uma proteína de fator de crescimento que atua regulando o crescimento das células musculares em conjunto com a miostatina.

Insulina: hormônio responsável pela redução da glicemia (taxa de glicose no sangue), ao promover o ingresso de glicose nas células. Quando a produção de insulina é deficiente, a glicose acumula-se no sangue e na urina, destruindo as células por falta de abastecimento, causando a diabetes.

Inteligência emocional: conceito mais amplo da inteligência que considera a capacidade de adaptação global do indivíduo ao seu meio. Daniel Goleman mapeia a IE em cinco áreas de habilidades: 1. autoconhecimento emocional: reconhecer um sentimento enquanto ele ocorre; 2. controle emocional: lidar com seus próprios sentimentos, adequando-os à situação; 3. automotivação: dirigir emoções a serviço de um objetivo de algo essencial para manter-se caminhando sempre em busca; 4. reconhecimento de emoções em outras pessoas; 5. habilidade em relacionamentos interpessoais.

Interdependência: lei da origem e da produção dos fenômenos. Os últimos não aparecem deles mesmos, mas dependem de causas que agem em interação.

Lama (tibetano) ou **guru (sânscrito):** professor espiritual, mestre.

Lama Gangchen Rinpoche: nascido no Tibete, em 1941, é o detentor de uma linhagem ininterrupta de Lamas Curadores e Mestres Tântricos e recebeu a educação tradicional nos Monastérios de Tashi Lumpo e Sera Me no Tibete. Em 1963, exilou-se na Índia, onde continuou seus estudos na Universidade de Varanasi. Em 1983 fixou residência em Milão, na Itália. Desde 2001, vive em Albagnano-Verbania, nas encostas do Lago Maggiore, ao norte da Itália, onde fundou o Albagnano Healing Meditation Centre, sede principal de atividades no mundo. Lama Gangchen lançou em 1993 a prática de Autocura Tântrica (NgalSo) de equilíbrio do corpo e da mente. Desde então apresentou a série Autocura NgalSo, adaptando os antigos ensinamentos do Budismo Tântrico de uma maneira moderna, direta e efetiva de serem praticados pelas pessoas do século XXI. Em 1992, fundou a Lama Gangchen World Peace Foundation (LGWPF, Fundação Lama Gangchen para a Paz Mundial), ONG filiada à ONU, cuja missão é a propagação e o desenvolvimento da Cultura de Paz.

Lama Yeshe (19351984): nascido no Tibete, aos seis anos de idade entrou para o Monastério de Sera, em Lhasa, onde estudou até 1959, quando então ocorreu a invasão chinesa ao Tibete, que o forçou a exilar-se na Índia. Lama Yeshe continuou estudando e meditando na Índia até 1967, quando, com o seu discípulo principal, Lama Thubten Zopa Rinpoche, foi para o Nepal. Dois anos depois, ele estabeleceu o Monastério de Kopan, perto de Katmandu, para ensinar o Budismo aos ocidentais. Em 1974, os dois começaram a fazer excursões anuais ao Ocidente para dar ensinamentos, e como resultado dessas viagens, uma rede mundial de centros de estudo budista e meditação – a *Fundação para a Preservação da Tradição Mahayana* – começou a desenvolver-se.

Leptina: hormônio peptídico (resultante do processamento de proteínas) cuja concentração varia de acordo com a quantidade de tecido adiposo. Na obesidade, os níveis de leptina estão aumentados. Além de seu conhecido efeito sobre o controle do apetite, evidências atuais demonstram que a leptina se relaciona ao controle da massa corporal, da capacidade de reprodução, da imunidade, da cicatrização e da função cardiovascular.

Márcia Mattos: astróloga desde 1984, conferencista, professora, consultora na área de desenvolvimento humano, astrologia e negócios e astrologia vocacional. Autora de vários livros de astrologia, entre eles, *O livro da lua* com edição anual desde 2000.

Melatonina: hormônio produzido por diversos animais e plantas. Em animais superiores, é o produto de secreção da glândula pineal. Esta glândula participa da organização temporal dos ritmos biológicos, atuando como mediadora entre o ciclo claro-escuro ambiental e os processos fisiológicos regulatórios, incluindo a regulação endócrina da reprodução, a regulação dos ciclos de atividade-repouso e sono-vigília, assim como a regulação do sistema imunitário. Outra função atribuída à melatonina é a de antioxidante, agindo na recuperação de células epiteliais expostas à radiação ultravioleta e, pela administração suplementar, ajudando na recuperação de neurônios afetados pelo mal de Alzheimer e por episódios de isquemia (como os resultantes de acidentes vasculares cerebrais).

Memória emocional: memórias tanto boas quanto ruins que deixam as mais fortes marcas no cérebro, pois são armazenadas tanto nos sistemas de memória explícita quanto nos sistemas de memória implícita. "A neurociência mostra que as memórias carregadas de emoção não são estáticas, mas interpretações ou novas versões reconstituídas do evento original. O cérebro não armazena memórias traumáticas factuais, mas traços de memórias que são usados para reconstruir lembranças, nem sempre expressando um quadro fiel à experiência do passado."[40]

Memória explícita: codifica o conhecimento factual – nomes, rostos, acontecimentos, coisas. Depende de um diálogo inicial entre o hipocampo e o lobo temporal. As recordações explícitas são diretamente acessíveis ao nosso conhecimento consciente. São flexíveis, rapidamente recuperadas e ocasionalmente duvidosas.

Memória implícita: responsável pelo estabelecimento de aptidões e hábitos que, uma vez aprendidos, não necessitam que se pense conscientemente neles, como comer, falar, caminhar, andar de bicicleta, dirigir. São recordações inflexíveis, lentas, mas extremamente confiáveis, e envolvem os gânglios basais e o cerebelo.

Monoaminas: atuam no corpo humano como neurotransmissores, sendo a norepinefrina, a serotonina e a dopamina as mais abundantes no sistema nervoso.

Neurociência: termo que reúne as disciplinas biológicas que estudam o sistema nervoso, normal e patológico, especialmente a anatomia e a fisiologia do cérebro, inter-relacionando-as com disciplinas que explicam o comportamento, o processo de aprendizagem e a cognição humana, bem como os mecanismos de regulação orgânica. Essencialmente, é uma prática interdisciplinar, resultado da interação de diversas áreas do saber ou disciplinas científicas, como neurobiologia, neurofisiologia, neuropsicologia, psicofarmacologia, estendendo sua aplicação a distintas especialidades médicas, como neuropsiquiatria, neuroendocrinologia, neuroepidemiologia.

Neurogênese: o processo de formação de novos neurônios no cérebro. Acreditava-se que a neurogênese ocorria apenas durante o desenvolvimento

---

[40] PERES, Julio. *Trauma e superação.* São Paulo: Roca, 2009. p. 149.

do cérebro, mas estudos recentes concluíram que a neurogênese ocorre continuamente durante toda a vida.

Neurônio: célula do sistema nervoso, localizada no cérebro, responsável pela condução do impulso nervoso. Especula-se que há 100 bilhões de neurônios no sistema nervoso humano. O neurônio pode ser considerado a unidade básica da estrutura do cérebro e do sistema nervoso.

Neuroplasticidade: capacidade do cérebro de mudar sua estrutura e função. Os circuitos neuronais mais usados se expandem e fortalecem, ao passo que aqueles não usados, ou usados raramente, se encurtam e enfraquecem.

Neurotransmissores: substâncias químicas produzidas pelos neurônios, as células nervosas. Por meio deles, as células podem enviar informações a outras. Podem também estimular a continuidade de um impulso ou efetuar a reação final no órgão ou músculo-alvo.

Noradrenalina ou **norepinefrina:** uma das monoaminas (também conhecidas como catecolaminas) que mais influenciam o humor, a ansiedade, o sono e a alimentação, assim como a serotonina, a dopamina e adrenalina.

Núcleo accumbens ou **núcleo acumbente:** grupo de neurônios do encéfalo que tem conexões com a amígdala e outras partes do sistema límbico. Possui papel importante no sistema de recompensa, no riso, no prazer, no vício e no medo. Contém uma das mais elevadas reservas de dopamina de todo cérebro e é sensível a outros neurotransmissores do prazer, como a serotonina e as endorfinas. Essas substâncias químicas são fatores essenciais para a sensação de satisfação e recompensa e, por conseguinte, para fornecer motivação.

Núcleo supraquiasmático: centro primário de regulação dos ritmos circadianos. Mediante a estimulação da secreção de melatonina pela glândula pineal, ajusta o relógio interno ou endógeno, que regula os ritmos circadianos.

Oxitocina ou **ocitocina:** hormônio produzido pelo hipotálamo e armazenado na hipófise posterior, que tem a função de promover as contrações musculares uterinas durante o parto e a secreção do leite durante a amamentação. Ela ajuda as pessoas a ficarem juntas por muito tempo. Também é um hormônio ligado ao que as pessoas sentem, por exemplo, ao abraçar um parceiro de longa data. De acordo com um estudo da Universidade de Zurique, a ocitocina, ao ser pingada no nariz de pessoas prestes a começar uma discussão, diminui a quantidade de cortisol produzido em resposta ao estresse da discussão. Esse hormônio é responsável pela sensação de prazer quando a mãe tem o seu bebê e também quando o pai segura o seu filho nos braços. Vários especialistas o denominam "hormônio do amor". Assim como ocorre com a prolactina, a concentração de oxitocina aumenta 40% depois do orgasmo.

Paul Ekman: psicólogo norte-americano, nascido em 1934, em Washington DC. Tem sido pioneiro no estudo das emoções e expressões faciais. O personagem Cal Lightman da série televisiva *Lie to Me* (que estreou em 2009) foi baseado nele e em seu trabalho. No seriado, o dr. Cal Lightman (interpretado pelo ator Tim Roth), auxiliado por sua parceira, a dra. Gillian Foster (Kelli Williams), usa o seu talento para observação da linguagem corporal na detecção de fraudes, garantindo a obediência das leis com a ajuda do seu grupo de pesquisadores e psicólogos.

Pema Chödrön: monja plena, que pratica na tradição do Budismo Tibetano. Foi uma discípula do Venerável Chögyam Trungpa Rinpoche, cujos ensinamentos ela continua a disseminar entre estudantes ocidentais do mundo inteiro. É professora residente na abadia Gampo, um centro monástico na Nova Escócia, no Canadá.

Peter Webb: formou-se na Austrália em Horticultural Science; estudou permacultura com o seu mentor Bill Mollison; e foi responsável pelo Banco de Sementes do Jardim Botânico de Melbourne por três anos. Em 1980, mudou-se para Inglaterra onde deu início ao trabalho de cirurgia em árvores e formou-se em agricultura biodinâmica, na Emerson College, em Londres. Desde 1984, passou a morar no Brasil. Por catorze anos, viveu de modo autossustentável em Matutu, no sul de Minas Gerais. Em 1998, mudou-se para São Paulo, onde, desde então, tem administrado cursos e desenvolvido projetos de agroflorestas, agricultura autossustentável, consultoria ambiental, paisagismo, cirurgia em árvores e reflorestamento. Desde 2002, ao unir a permacultura à psicologia do Budismo Tibetano em parceria com Bel Cesar, desenvolve atividades de ecopsicologia no Sítio Vida de Clara Luz, em Itapevi, São Paulo.

Plasticidade cerebral: é a denominação das capacidades adaptativas do sistema nervoso central – ou seja, sua habilidade para modificar sua própria organização estrutural e funcionamento. É a propriedade do sistema nervoso que permite o desenvolvimento de alterações estruturais em resposta à experiência e como adaptação a condições mutantes e a estímulos repetidos.

Polifenóis: compostos orgânicos caracterizados por várias hidroxilas ligadas a um anel aromático. Apesar de possuir um grupo característico de álcool, o polifenol é mais ácido que o álcool, pois é mais facilmente oxidado. Geralmente os polifenóis são sólidos, cristalinos, tóxicos, cáusticos e pouco solúveis em água.

Prolactina: hormônio secretado pela adenoipófise que estimula a produção de leite pelas glândulas mamárias e o aumento das mamas. O aumento de produção da prolactina provoca a hiperprolactinemia, causando nas mulheres alteração menstrual e infertilidade. No homem, gera impotência sexual (por prejudicar a produção de testosterona) e também aumento das mamas (ginecomastia).

Rachel Carson (1907-1964): zoóloga, bióloga e escritora americana, cujo trabalho principal, *Primavera silenciosa*, é reconhecido como o principal impulsionador do movimento global sobre o ambiente.

Rachel Naomi Remen: uma das pioneiras na prática da medicina que integra a saúde do corpo e da alma. É professora clínica de medicina da família e da comunidade na Escola de Medicina da Universidade da Califórnia, San Francisco e diretora do curso de arte da cura. É cofundadora e diretora médica do Programa Comunitário de Apoio ao Paciente com Câncer e também fundadora e diretora do *Instituto para o Estudo da Saúde e da Doença*, um programa de desenvolvimento profissional para médicos que desejam desenvolver uma maior capacidade pessoal de empatia, compaixão, compreensão e comunicação.

Rachel Yehuda: líder reconhecida no campo dos estudos pós-traumáticos, é autora de mais de 250 artigos, capítulos e livros sobre o estresse traumático e a neurobiologia do transtorno do estresse pós-traumático (TEPT). Seus interesses atuais incluem o estudo de fatores de risco e resiliência e dos precursores psicológicos e biológicos da resposta ao tratamento de TEPT e os genéticos e epigenéticos do TEPT e da transmissão intergeracional de traumas e TEPT.

Radicais livres: moléculas que possuem elétrons desemparelhados e, portanto, são altamente reativos, podendo inclusive reagir entre si em uma dimerização para formar uma molécula com todos os elétrons emparelhados. No nosso organismo, os radicais livres são produzidos pelas células durante o processo de combustão do oxigênio, utilizado para converter os nutrientes absorvidos em energia. Os radicais livres podem danificar células sadias do nosso corpo, entretanto, o nosso organismo possui enzimas protetoras que reparam 99% dos danos causados pela oxidação, ou seja, nosso organismo consegue controlar o nível desses radicais por meio do nosso metabolismo.

Redes neuronais ou **redes neurais:** conexões de neurônios que guiam nossos corpos e comportamentos. Nota: os neurônios mantêm-se em constante interação mútua, mesmo que não estejam sendo solicitados para executar qualquer tarefa específica.

Richard Davidson: pesquisador da Universidade de Wisconsin, em Madison, colaborador do Dalai Lama desde 1992, é um dos principais pesquisadores da neuroplasticidade. Em suas pesquisas, reunindo neuropsicólogos e monges budistas, reconhece que com técnicas de meditação, pode-se modificar a massa cinzenta e, como consequência, a maneira pela qual percebemos o mundo dentro e fora de nós.

Rinpoche (tibetano): literalmente, precioso. Termo honorífico geralmente atribuído a Lamas reencarnados reconhecidos; título respeitoso usado para o mestre pessoal.

Selegilina: droga que foi usada no passado para o tratamento do mal de Parkinson que parece agir inibindo de forma reversível a enzima monoaminoxidase B, que causa a degradação da dopamina. Ela aumenta a transmissão dopaminérgica por outros mecanismos, como o de impedir a recaptura da dopamina no nível da sinapse. A selegilina tem mostrado bons resultados em estudos sobre o mal de Alzheimer, bem como no tratamento das depressões chamadas atípicas ou de difícil resolução. É considerada uma smart drug, ou seja, uma droga que teoricamente aumenta a capacidade de raciocínio.

Serotonina: neurotransmissor, isto é, molécula envolvida na comunicação entre neurônios. Ela é quimicamente representada pela 5-hidroxitriptamina (5-HT), sendo também frequentemente designada por esse nome. Entre as várias funções da serotonina está o controle da liberação de alguns hormônios e a regulação do ritmo circadiano, do sono e do apetite. Diversos fármacos que controlam a ação da serotonina como neurotransmissor são atualmente utilizados no controle da ansiedade, da depressão, da obesidade, da enxaqueca e da esquizofrenia.

Síndrome de Burnout: do inglês *to burn out* (queimar por completo), é também chamada de síndrome do esgotamento profissional, foi identificada pelo psicanalista nova-iorquino Freudenberger, após constatá-la em si mesmo, no início dos anos 1970. São doze os estágios de *Burnout*: 1. necessidade de se afirmar; 2. dedicação intensificada – com predominância da necessidade de fazer tudo sozinho; 3. descaso com as necessidades pessoais – comer, dormir, sair com os amigos começam a perder o sentido; 4. recalque de conflitos – o portador percebe que algo não vai bem, mas não enfrenta o problema; 5. reinterpretação dos valores – isolamento, fuga dos conflitos, o que antes tinha valor sofre desvalorização (lazer, casa, amigos) e a única medida de autoestima é o trabalho; 6. negação de problemas – nessa fase os outros são completamente desvalorizados e tidos como incapazes, os contatos sociais são repelidos, cinismo e agressão são os sinais mais evidentes; 7. recolhimento; 8. mudanças evidentes de comportamento; 9. despersonalização; 10. vazio interior; 11. depressão – marcas de indiferença, desesperança, exaustão, a vida perde o sentido; e 12. a síndrome do esgotamento profissional propriamente dita, que corresponde ao colapso físico e mental. Este último estágio é considerado de emergência e a ajuda médica e psicológica torna-se uma urgência. Os sintomas são variados: fortes dores de cabeça, tonturas, tremores, muita falta de ar, oscilações de humor, distúrbios do sono, dificuldade de concentração, problemas digestivos.

Sistema nervoso autônomo: parte do sistema nervoso relacionada ao controle da *vida vegetativa*, ou seja, de funções como a respiração, a circulação do sangue, o controle de temperatura e a digestão. É composto pelo sistema nervoso simpático (SNS) e pelo sistema nervoso parassimpático (SNP).

Sistema nervoso parassimpático (SNP): parte do sistema nervoso autônomo responsável por estimular ações que permitem ao organismo responder a situações de calma. Essas ações são: desaceleração dos batimentos cardíacos, diminuição da pressão arterial, diminuição da adrenalina do açúcar no sangue.

Sistema nervoso simpático (SNS): parte do sistema nervoso autônomo responsável por estimular ações que permitem ao organismo responder a situações de alerta. Essas ações são: aceleração dos batimentos cardíacos, aumento da pressão arterial, dilatação das pupilas e dos brônquios, inibição dos movimentos peristálticos e da secreção gástrica e aumento da adrenalina e do açúcar no sangue.

Testosterona: principal hormônio androgênico, formado no interstício das células de Leydig nos testículos e também derivado do metabolismo de androgênios menos potentes secretados pelo córtex da suprarrenal e pelos ovários. A testosterona é produzida naturalmente pelo nosso organismo e é o principal hormônio ligado ao ganho de massa muscular e à diminuição da gordura corporal. Ela ainda estimula o metabolismo que faz que o corpo use a gordura acumulada como fonte de energia. De forma contrária, a deficiência desse hormônio está associada à perda de massa muscular, perda de força, acúmulo de gordura corporal, sintomas de cansaço, indisposição e perda do desejo sexual. Em homens, o comportamento sexual dependente muito da testosterona. Estudos indicam que ela é a responsável pelo aumento do desejo sexual. Foi descrito que o aumento dos níveis de testosterona em homens heterossexuais fez que o seu interesse pelo sexo oposto aumentasse, e que o aumento dos níveis de testosterona em homossexuais intensificou o seu desejo homossexual – ele não tornou um homossexual em um heterossexual, como se acreditou no início.

Tetra Pak: empresa fabricante de embalagem para alimentos.

Transtorno do estresse pós-traumático (TEPT): pode ser entendido como a perturbação psíquica decorrente e relacionada a um evento fortemente ameaçador ao próprio paciente ou do qual ele foi testemunha. Consiste num tipo de recordação que é mais bem definido como revivescência, pois é muito mais forte que uma simples recordação. Na revivescência, além de recordar as imagens, o paciente sente como se estivesse vivendo novamente a tragédia, com todo o sofrimento que ela causou originalmente. O TEPT é, portanto, a recorrência do sofrimento original de um trauma que, além do próprio sofrimento, desencadeia alterações neurofisiológicas e mentais.

Triptofano: é um dos aminoácidos codificados pelo código genético, sendo, portanto, um dos componentes das proteínas dos seres vivos. É um aminoácido aromático essencial para a nutrição humana. É o precursor da serotonina, portanto, é uma substância responsável pela promoção da sensação do bem-estar.

Vajrayana ou caminho tântrico: práticas esotéricas ensinadas por Buddha. *Vajrayana* significa meditar sobre a realidade (a vacuidade do espaço absoluto) com o grande coração de Bodhichitta (altruísta e compassivo), usando a clara luz mais profunda e plena de bem-aventurança de nossa mente. *Vajra* em sânscrito significa "diamante", o cristal puro mais precioso e estável; significa unir o espaço absoluto e a bem-aventurança à mente de clara luz.

Walter Pierpaoli: nasceu em 1934, em Milão, graduado em medicina e cirurgia, atualmente é presidente da Fundation for Basic Biomedical Research, de Interbion Riva San Vitale, na Suíça. Dr. Pierpaoli publicou mais de 130 trabalhos científicos experimentais, quase exclusivamente na melhores revistas científicas internacionais, como Nature, Journal of the National Cancer Institute, Proceedings of the National Academy of Sciences of the USA, e muitas outras.

Índice remissivo

Abuso 23, 144, 151
Aceitação 56, 111, 114, 162, 171, 177, 215, 219, 253
acidez 240
ácido alfalipoico 68
ácido gamaminobutírico 65
ACTH (hormônio adrenocorticotrófico) 32, 121, 275
adrenalina 60, 84, 89, 110, 112, 114, 115, 122, 269, 272, 273, 276, 279, 283
agentes tóxicos 211
agrotóxicos 244, 245
alarme 38, 64, 76, 97, 98, 128, 158
álcool 23, 65, 150, 183, 193, 257, 258, 281
aldosterona 89, 269
alegria 16, 94, 129, 169, 202, 210, 215, 220, 232, 270
alerta 12, 31, 37, 49, 51, 53, 55, 76, 90, 97, 99, 110, 122, 126, 128, 158, 166, 212, 223, 243, 244, 265, 283
alostase 266
alteração de apetite 23
Alzheimer 64, 269, 278, 282
ambiente 24, 35, 46, 51, 59, 97, 121, 136, 137, 148, 152, 171, 187194, 205, 211, 223, 240, 243, 244, 246, 247, 263, 272, 275, 281
ameaça 37, 51, 52, 53, 59, 63, 64, 65, 109, 112, 114, 125, 143, 153, 155, 163, 244, 246, 263, 266
amígdala 76, 79, 80, 128, 158, 170, 190, 279
Amit Goswami 42, 269
anfetaminas 23, 190, 194
angústia 148, 161, 166, 201, 250, 272
anorexia 88, 198, 270
ansiedade 33, 37, 64, 65, 76, 80, 84, 113, 123, 131, 151, 152, 162, 166, 184, 187, 191, 192, 198, 199, 272, 279, 282

ansiolíticos 150, 270
antibióticos 244, 245
antidepressivos 23, 72, 89, 138, 139, 141, 143, 149, 150, 151, 175, 181, 183, 190, 194, 270
antienvelhecimento 265, 267, 270
Antonio Damásio 106, 270
apego 136, 173, 240
autoestima 117, 118, 219, 282
autoaceitação 56
autocompaixão 220, 250, 251
autoconhecimento 251
autocontrole 22, 59, 152
autodestrutivas 166
autoprofecias 244
autorresponsabilidade 24, 219
autossustentação 223
bactérias 263
baixa serotonina
BDNF (*brain-derived neurotrophic factor*) 171, 264, 270
bebê 38, 44, 97, 156, 170, 280
benzodiazepínicos 23, 65, 150, 151, 152, 270, 275
bioquímica 21, 23, 24, 90, 99, 135, 270
bisfenol A 245, 246
bode expiatório 106, 117, 249
bomba-relógio 110,
Budismo Tibetano 19, 27, 41, 49, 56, 101, 239, 240, 271, 275, 280
Burnout 11, 83, 282
cálcio 239, 240
calma 19, 52, 84, 94, 99, 106, 157, 202, 236, 283
calmantes 23
caminho neuronal 249

287

câncer 98, 147, 149, 193, 194, 209, 211, 212, 232, 245, 246, 266, 281
carboidratos 266
carga alostática 266
catecolaminas 46, 60, 109, 110, 111, 112, 114, 190, 279
células-tronco 271
cérebro 11, 15, 21, 22, 23, 24, 31, 35, 42, 43, 44, 45, 46, 59, 60, 63, 67, 68, 71, 76, 79, 80, 88, 89, 90, 93, 94, 105, 106, 110, 121, 123, 137, 138, 148, 151, 152, 156, 157, 158, 161, 162, 163, 170, 171, 182, 184, 192, 199, 211, 244, 246, 249, 264, 270, 271, 272, 273, 274, 275, 278, 279
Chögyam Trungpa Rinpoche 53, 59, 103, 240, 271, 280
ciência 22, 31, 138 , 170, 171, 175, 209, 211, 239, 267, 270, 271
cigarro 38, 184
círculo vicioso 251
cocaína 23, 114, 183, 184
colesterol 197, 266, 271, 272, 274
confiança desejosa 56
confiança esperançosa 56
confiança lúcida 56
confiança radical 56
consciência 64, 80, 106, 126, 127, 137, 139, 144, 152, 156, 157, 170, 175, 209, 210, 211, 219, 224, 229, 223, 257, 263
córtex 32, 42, 43, 44, 45, 106, 121, 127, 157, 158, 269, 271, 283
córtex pré-frontal 79, 157, 170, 189
córtex semântico 44
córtex suprarrenal 32, 271
corticoides 228
cortisol 32, 36, 37, 43, 52, 53, 59, 60, 65, 67, 68, 75, 76, 83, 84, 87, 88, 89, 109, 111, 112, 121, 122, 123, 126, 128, 136, 156, 194, 199, 212, 228, 261, 266, 271, 273, 275, 276, 280
CRH – hormônio liberador das corticotrofinas 121
cronobiologia 31, 271
cronômetro 35
cultura oriental 231
Daniel Siegel 80, 272
DDA 187, 188, 189, 191, 194
dependência 23, 46, 102, 151, 270

depressão 23, 33, 37, 68, 71, 72, 76, 80, 88, 113, 123, 125, 149, 158, 162, 171, 183, 193, 198, 227, 229, 258, 264, 272, 274, 282, 283
desânimo 23, 71
desespero 76, 84, 102, 153, 156, 161
desidratação progressiva
Dharma 224
DHEA 89, 272 (deidroepiandrosterona)
diabetes 149, 266, 276
diagnóstico 23, 98, 123, 232, 272
dioxina 245
distúrbio bipolar 272
distúrbios mentais 23, 272
doença afetiva 227
doenças cardiovasculares 125, 149, 210
dopamina 60, 110, 112, 114, 115, 122, 151, 181, 182, 183, 184, 185, 187, 188, 190, 191, 193, 194, 236, 272, 279, 282
dor emocional 12, 141, 142, 147, 148, 152, 155, 162, 163
drenpa 49
drogas 22, 23, 46, 65, 114, 150, 151, 184, 190, 194, 257, 258, 270
Duchung 172
eixo interior 223
elementos 27, 28, 121, 243, 273
Elliot 106
EMDR (Dessensibilização e Reprocessamento por meio de Movimentos) 12, 155, 156, 157, 158, 161, 163
emoção 27, 32, 94, 166, 278
encéfalo 63, 68, 275, 279
envelhecimento 13, 38, 64, 72, 89, 147, 149, 153, 193, 211, 257, 258, 261, 263, 264, 265, 267, 270
enzimas antioxidantes 67, 273
epidemia 90, 125, 211
epigenética 243, 273
equilíbrio emocional 24, 37, 38, 44, 94, 123, 143, 173, 210, 272
esquecimento 123
esquizofrenia 125, 282
estabilizadores de humor 139, 151, 273
estados crônicos 24
estímulos bilaterais 155
estradiol 244, 272, 273, 274
estresse 11, 12, 13, 19, 24, 32, 36, 37, 38, 43, 44, 46, 51, 52, 59, 60, 64, 67, 68, 71, 75,

76, 80, 83, 84, 87, 89, 90, 97, 109, 110, 111, 112, 113, 114, 115, 121, 122, 123, 125, 126, 127, 135, 136, 138, 139, 141, 142, 148, 149, 150, 153, 155, 156, 175, 183, 185, 194, 198, 199, 212, 227, 228, 229, 236, 243, 257, 258, 261, 263, 264, 265, 266, 269, 270, 271, 272, 273, 274, 276, 280, 281, 284
estresse crônico 11, 12, 24, 36, 38, 43, 64, 67, 71, 89, 112, 113, 121, 122, 123, 125, 126, 142, 175, 265, 274
estresse pós-traumático 281, 284
estresse prolongado 36
estrógeno 244, 245, 274, 276
exitotoxicidade 67, 71, 76, 274
expectativa 22, 60, 131, 145, 162, 205, 215, 250
fadiga adrenal 89
falta de ar 122, 283
falta de concentração 123
falta de interesse 123
falta de sono 258
fase intrauterina 97
fatores bióticos 243, 273
fatores de crescimento 72, 171, 264
felicidade 12, 13, 87, 139, 169, 170, 171, 172, 173, 175, 176, 177, 178, 181, 185, 197, 202, 205, 210, 249, 267
feminino 192, 244, 272, 276
fígado 22, 239, 264, 271
fluoxetina 23, 150, 274
Frontal 150, 270
Fuad Lechin 210
fuga 79, 84, 89, 112, 115, 153, 161, 199, 282
GABA 65, 151
garrafas PET 245
gêmeos monozigóticos 227
genes 171, 227, 273
GH 276
glândula pineal 35, 42, 271, 278, 279
glândula pituitária 31, 274
glicemia 199, 275, 276
gônadas 35, 272, 275, 276
gordura 197, 198, 199, 266, 271, 274, 283
grelina 88, 275
Guelek Rinpoche 75, 139, 275
Guenlagpa 232
Gueshe Chekawa 139, 275

hábito destrutivo 101
Harry Truman 205
hidrocortisona 275
hiperatividade 13, 183, 187, 188, 189, 191, 192, 194, 272
hipercortisolemia 88, 275
hiperoxigenação 84
hipervigilância 97, 114, 273
hipnóticos 23, 270, 275
hipófise 32, 35, 121, 274, 276, 280
hipotálamo 31, 32, 35, 121, 273, 274, 275, 280
holocausto 97
homeostase 266
homeostase corporal 35
hormônio adrenocorticotrófico (ACTH) 32, 121, 275
hormônio luteinizante 35, 276
hormônios 23, 32, 35, 36, 38, 52, 64, 88, 113, 128, 153, 189, 198, 210, 244, 245, 271, 272, 273, 274, 275, 276, 282
hormônios corticosteroides 32, 276
hormônios de crescimento 276
hormônios de estresse 52, 122, 276
hormônios sexuais 38, 89, 191, 192, 193, 275, 276
HPA – eixo hipotálamo-pituitário-adrenal 121, 122, 125
ideias de ruína 23
IGF-1 276
ignorância 117, 171, 240
inadequação 21, 126, 183
inadmissível 215, 216
inconsciente 80, 98, 142, 182
indignação 111, 112, 152, 177, 215
indolaminas 109, 110, 111, 112, 114
insônia 23, 46, 97, 122, 262
instabilidade emocional 123
insuficiência 126
insulina 88, 192, 197, 198, 264, 266, 276
inteligência emocional 12, 64, 98, 105, 106, 277
interdependência dos fenômenos 240
intestino 36, 271
irritabilidade 123, 269
Karl G. Jung 216
Kunzas 267,

Lama Gangchen Rinpoche 7, 9, 11, 27, 28, 38, 55, 93, 128, 165, 201, 202, 205, 235, 236, 243, 246, 253, 254, 267, 277, 289
Lama Michel Rinpoche 9, 12, 13, 15, 19, 49, 57, 118, 135, 136, 137, 139, 141, 143, 144, 145, 169, 171, 175, 176, 177, 178, 209, 210, 211, 212, 215, 227, 228, 231, 232, 233, 257, 258, 292, 293
leptina 198, 277, 278
Lexotan 150, 270
ligações neuronais 148, 151
limite de Hayflick 264
longevidade 68, 128, 261
mama 209, 244, 245, 246, 274, 281
Marcia Mattos 254, 278
medicina do antienvelhecimento 264
medicina tibetana 36, 240
meditação 49, 53, 99, 136, 224, 265, 271, 275, 277, 282
medo 22, 51, 52, 55, 76, 84, 97, 98, 102, 112, 136, 158, 161, 162, 163, 165, 173, 191, 215, 216, 267, 279
meio ambiente 7, 12, 13, 15, 24, 27, 127, 135, 137, 211, 212, 235, 240, 243, 244, 246, 247, 266, 270, 273
melatonina 35, 36, 37, 38, 39, 42, 43, 52, 67, 110, 112, 193, 278, 279
memória 42, 43, 44, 49, 52, 63, 64, 65, 71, 75, 76, 87, 98, 113, 129, 151, 152, 153, 155, 156, 156, 157, 170, 190, 246, 269, 273, 275, 278
memória emocional 76, 151, 278
memórias traumáticas 76, 278
mente 11, 12, 13, 19, 21, 24, 27, 28, 36, 39, 41, 42, 49, 51, 52, 59, 75, 80, 84, 89, 93, 99, 105, 106, 109, 111, 112, 113, 121, 131, 135, 136, 137, 138, 139, 141, 143, 153, 158, 201, 202, 206, 211, 220, 224, 235, 236, 240, 243, 244, 246, 253, 262, 267, 272, 275, 277, 284
mente sutil 137
microdegeneração 11, 71
miocárdio 122
monoaminas 182, 279
morte 13, 67, 68, 125, 201, 202, 210, 231, 232, 233, 269
neurociência 21, 24, 44, 105, 270, 278, 279
neurogênese 23, 63, 64, 65, 71, 72, 76, 198, 279

neurônios 11, 23, 39, 63, 65, 67, 68, 71, 72, 75, 77, 79, 113, 126, 127, 269, 270, 271, 278, 279, 282
neurônios-espelho 93, 156
neuroplasticidade 148, 149, 150, 279, 282
neurotoxicidade 67
neurotransmissores 44, 64, 65, 76, 110, 115, 122, 126, 151, 153, 198, 210, 211, 236, 269, 274, 279
nível grosseiro 41
nível sutil 41, 137
noradrenalina 44, 60, 84, 89, 110, 112, 114, 115, 122, 182, 190, 236, 273, 279
núcleo *accumbens* 184, 279
núcleo supraquiasmático 31, 279
obesidade 282
oculares 155, 157
olhos 80, 149, 155, 156, 162, 163, 232
OMS (Organização Mundial de Saúde) 125
ONU (Organização das Nações Unidas) 172, 277
ovários policísticos 193
oxidação 68, 28
oxitocina 35, 127, 128, 280
pânico 11, 52, 64, 83, 84, 162, 274
Paul Ekman 80, 280
paz eterna 201
paz interior 27, 223
peixe esturjão 263
Pema Chödrön 249, 250, 280
peptídios vasointestinais 44
perdão 254
perspectiva 52, 71, 76, 126, 162
pesadelos 43
pessimismo 123
plasticidade cerebral 24, 280
polifenóis 281
poluição ambiental 28, 240, 243, 244
poluição estrogênica 244
potencial criativo 102
prazer 12, 114, 172, 173, 176, 178, 181, 182, 183, 184, 185, 188, 190, 191, 193, 194, 202, 236, 272, 279, 280
privação de sono 33
processos inflamatórios 228, 266
progesterona 192, 276
prolactina 35, 276, 280, 281
psicofarmacologia 19, 22, 138
psicofármacos 23, 150

psicologia 53, 280
psicose 122
psicossomático 110
psique 19, 41
psiquiatria 21, 23, 53, 76, 272
Rachel Carson 244, 281
Rachel Naomi Remen 165, 281
Rachel Yehuda 97, 281
radicais livres 67, 68, 273
raiva 80, 94, 112, 136, 137, 178, 240
ratos 39, 184, 245
recursos 71, 75, 80, 90, 101, 103, 112, 113, 118, 126, 139, 148, 153, 155, 156, 162, 209, 223, 224, 229, 251
redes neuronais 44, 155, 161, 282
relógio interno 11, 31, 35, 38, 279
René Descartes 21, 105, 274
reposição hormonal 270
resiliência 281
resistência à insulina 266
ressentimento 102, 215, 254
Richard Davidson 158, 170, 282
rins 121
ritmo circadiano 11, 31, 32, 35, 36, 37, 262, 282
ritmos biológicos 31, 272, 278
Rivotril 150, 270
RNM funcional (Ressonância Magnética Nuclear) 170
satisfação 12, 169, 172, 173, 181, 182, 184, 197, 202, 210, 215, 279
saúde emocional 24
selegilina 188, 282
serotonina 22, 36, 37, 72, 76, 77, 83, 89, 110, 112, 122, 123, 141, 143, 148, 149, 150, 151, 181, 182, 183, 187, 193, 197, 198, 227, 228, 236, 274, 279, 282, 284
sher chin 49
síndrome de *Burnout* 11, 83, 282

síndrome depressiva 229
sistema gabaérgico 65, 150
sistema imunitário 193, 194, 210, 228, 271, 274, 278
sistema nervoso autônomo 35, 283
sistema nervoso central (SNC) 65, 127, 128, 190, 270, 272, 280
sistema nervoso simpático 44, 112, 283
sistema nervoso parassimpático 283
sonhar 39, 41, 131, 148
sono 33, 35, 36, 37, 38, 39, 42, 43, 44, 45, 46, 117, 123, 157, 201, 243, 258, 262, 273, 275, 278, 279, 282, 283
Sono REM 42, 43, 44, 45, 157
status bioquímico 24
substâncias xenobióticas 245
suicídio 125, 149, 198
suprarrenal 32, 35, 60, 89, 115, 121, 122, 123, 271, 276, 283
Tchog She 172, 215
telomerase 265
telômeros 264, 265,
testosterona 191, 192, 193, 246, 272, 276, 281, 283
Tetra Pak 245, 284
tireoide 35, 276
TPM (Tensão pré menstrual) 117, 192
tranquilizantes 150, 151,
triptofano 143, 148, 149, 284
urina 123, 244, 276
Vajrayana 137, 138, 271, 273, 284
velhice 67
veneno 87, 240
vício 23, 76, 101, 183, 279
vitamina D 147, 240, 271
vitaminas 67, 197
xenobióticas 245
Walter Pierpaoli 39, 284

Índice de fotos

Capa: Foto de Bel Cesar. Sítio Vida de Clara Luz, Itapevi, SP, Brasil, 2011.

Berachá de Aster Yatsar (Reza Hebraica): Foto de álbum de família de Sergio Klepacz. Brasil.

Dedicação (Reza Budista): Foto de Bel Cesar. Escultura budista – Government Central Museum Albert Hall, Jaipur, Índia, 2010.

Agradecimentos: Foto de Bel Cesar. Afresco – The City Palace Museum, Udaipur, Índia, 2010.

Sumário: Foto de Bel Cesar. Afresco de um Haveli, mansões no Rajastão, Mandawa, Índia, 2010.

Prefácio por Bel: Foto de Bel Cesar. Sítio Vida de Clara Luz, Itapevi, SP, Brasil, 2011.

Prefácio por Sergio Klepacz: Foto de Bel Cesar. Sítio Vida de Clara Luz, Itapevi, SP, Brasil, 2011.

Introdução: Foto de Peter Webb, São Paulo, 2011.

Uma conversa com Lama Gangchen Rinpoche sobre a natureza interdependente da mente e do corpo: Foto de Tiziana Ciazullo. Lama Gangchen Rinpoche, 2007.

Capítulo 1: Foto de Bel Cesar. Udaipur, Índia, 2010.

Capítulo 2: Foto de Bel Cesar. Varanasi, Índia, 2010.

Capítulo 3: Foto de Peter Webb. Marysvile, Austrália, 2008.

Capítulo 4: Foto de Peter Webb. Jaipur, Índia, 2010.

Capítulo 5: Foto de Bel Cesar. Delhi, Índia, 2010.

Capítulo 6: Foto de Bel Cesar. Boudnath, Nepal, 2010.

Capítulo 7: Foto de Bel Cesar. Yanten Kantsen, Tibete, 2009.

Capítulo 8: Foto de Bel Cesar. Mandawa, Índia, 2010.

Capítulo 9: Foto de Bel Cesar. Escultura budista – Government Central Museum Albert Hall, Jaipur, Índia, 2010.

Capítulo 10: Foto de Peter Webb. Marysvile, Austrália, 2008 (http://www.brunosart.com/aftermath.html).

Capítulo 11: Foto de Bel Cesar. Annapurna, Nepal, 2010.

Capítulo 12: Foto de Fernanda Lenz. Varanasi, Índia, 2010.

Capítulo 13: Foto de Bel Cesar. Mandawa, Índia, 2010.

Capítulo 14: Foto de Bel Cesar. Annapurna, Nepal, 2010.

Capítulo 15: Foto de álbum de família de Sergio Klepacz. Santos, SP, Brasil, 1961.

Capítulo 16: Foto de amigos de Sergio Klepacz. Ilhabela, SP, Brasil, 2008.

Capítulo 17: Foto de Bel Cesar. Ramgarth, Índia, 2010.

Capítulo 18: Foto de Bel Cesar. Bodhgaya, Índia, 2010.

Capítulo 19: Foto de Bel Cesar. Varanasi, Índia, 2010.

Capítulo 20: Foto de Peter Webb. Marysvile, Austrália, 2008.

Capítulo 21: Foto de Bel Cesar. Varanasi, Índia, 2010.

Capítulo 22: Foto de álbum de família de Sergio Klepacz. Jeriquaquara, CE, Brasil.

Capítulo 23: Foto de Bel Cesar. Jaipur, Índia, 2010.

Índice de fotos

Capítulo 24: Foto de Bel Cesar. Bodhgaya, Índia, 2010.

Capítulo 25: Foto de Peter Webb. Marysvile, Austrália, 2008.

Capítulo 26 : Foto de Bel Cesar. Mysore, Índia, 2010.

Capítulo 27: Foto de Peter Webb. Marysvile, Austrália, 2008.

Capítulo 28: Foto de Bel Cesar. Stupa de Boudnath, Nepal, 2010.

Capítulo 29: Foto de Bel Cesar. Bhaktapur, Nepal, 2010.

Capítulo 30: Foto de Bel Cesar. Mysore, Índia, 2010.

Capítulo 31: Foto de álbum de família de Sergio Klepacz. Jeriquaquara, CE, Brasil.

Capítulo 32: Foto de Bel Cesar. Bodhgaya, Índia, 2010.

Capítulo 33: Foto de álbum de família de Sergio Klepacz. Jeriquaquara, CE, Brasil.

Capítulo 34: Foto de Bel Cesar. Bodhgaya, Índia, 2010.

Capítulo 35: Foto de Bel Cesar. Bhaktapur, Nepal, 2010.

Capítulo 36: Foto de Bel Cesar. Varanasi, Índia, 2010.

Capítulo 37: Foto de Bel Cesar. Varanasi, Índia, 2010.

Capítulo 38: Foto de Bel Cesar. Bhaktapur, Nepal, 2010.

Capítulo 39: Foto de Bel Cesar. Parque de Chitwam, Nepal, 2010.

Capítulo 40: Foto de Bel Cesar. Kapilavastu, Nepal, 2010.

Capítulo 41: Foto de Bel Cesar. Bodhgaya, Índia, 2010.

Capítulo 42: Foto de Bel Cesar. Sítio Vida de Clara Luz, Itapevi, SP, Brasil, 2010.

Capítulo 43: Foto de Bel Cesar. São Paulo, Brasil, 2008.

Capítulo 44: Foto de Bel Cesar. Katmandu, Nepal, 2010.

Capítulo 45: Foto de Bel Cesar. Pequim, China, 2009.

Capítulo 46: Foto de Bel Cesar. Varanasi, Índia, 2010.

Capítulo 47: Foto de Bel Cesar. Monastério de Chagtrin, Tibete, 2009.

Capítulo 48: Foto de Bel Cesar. Varanasi, Índia, 2010.

Capítulo 49: Foto de Bel Cesar. Varanasi, Índia, 2010.

Glossário: Foto de Bel Cesar. Lama Michel Rinpoche, Monastério de Shargaden, Índia, 2010.

Contatos

Bel Cesar
belcesar108@gmail.com

Dr. Sergio Klepacz
www.totalbalance.com.br

Lama Michel Rinpoche
Albagnano Healing Meditation Center
https://kunpen.ngalso.org/albagnano-healing-meditation-centre/

Câncer

Quando a vida pede por um novo ajuste

Após enfrentar um câncer na tireoide, Bel Cesar desafia os dogmas presentes na medicina tradicional. Ela busca uma nova abordagem, seguindo diferentes técnicas medicinais, além de mergulhar ainda mais na prática do Budismo e da psicologia ocidental.

A autora retrata nesta obra sua experiência singular, desde o instante do diagnóstico até o tratamento com a iodoterapia, passando pela cirurgia de remoção da glândula e pela adaptação ao medicamento mais apropriado.

O que chama a atenção, porém, é a forma como ela focou no seu universo espiritual e emocional durante essa jornada. Bel cuida do corpo, da psique e do espírito com a mesma dedicação. Em vez de se revoltar, a autora assume com simplicidade a postura de aprendiz diante da doença.

Mania de Sofrer

Reflexões inspiradas na Psicologia do Budismo Tibetano

Em *Mania de sofrer*, Bel Cesar, psicóloga clínica e praticante do Budismo Tibetano, apresenta ao leitor suas considerações acerca da Roda da Vida.

A Roda da Vida foi uma imagem criada por Buddha Shakyamuni como presente para um amigo, que era rei. Ele explica com clareza os principais aspectos da Psicologia Budista, como a origem do sofrimento, suas causas e a maneira de desenvolver gradualmente a concentração e a sabedoria, para transcendermos nossos sofrimentos psicológicos e encontrarmos a paz interior.

De maneira clara e objetiva, a autora compartilha com o leitor as práticas e os ensinamentos que recebeu de seu mestre Lama Gangchen Rinpoche e suas experiências pessoais na Psicologia Ocidental. Não são textos acadêmicos, mas reflexões sobre como podemos transformar a habitual "mania de sofrer" em sabedoria intuitiva, para não tornar crônico o sofrimento em nossa vida.

Viagem Interior ao Tibete

Acompanhando os Mestres do Budismo Tibetano
Lama Gangchen Rimpoche e Lama Michel Rimpoche

Viagem Interior ao Tibete narra uma viagem de 25 dias que se inicia em São Paulo rumo ao Tibete, passando por Katmandu, Lhasa, Shigatse e Gangchen.

Bel Cesar viajou com um grupo acompanhando seu filho, Lama Michel Rimpoche, e seu mestre, Lama Gangchen Rimpoche, narrou na forma de um diário sua estadia no Tibete, a inauguração do Monastério de Lama Gangchen Rimpoche e o dia a dia visitando as inúmeras relíquias de conhecimento espiritual que o Tibete e o Budismo oferecem.

O Livro das Emoções

Reflexões inspiradas na Psicologia do Budismo Tibetano

Neste livro, Bel Cesar nos convida a questionar as convicções profundas que temos a respeito de nós mesmos e a aceitar o desafio de acolher igualmente todas as nossas emoções sem rotulá-las como boas ou ruins. "Quando conseguimos realizar a alquimia de uma verdadeira aceitação dentro de nós, as circunstâncias externas também passam a mudar, pois quando algo é verdadeiro surgem confirmações!"

Tendo como base para sua reflexão o Budismo Tibetano, a autora nos inspira a recuperar a confiança básica na essência pura da mente através da constante abertura, confiança e coragem para olhar o que quer que surja em nossa vida com compaixão e entendimento.

Oráculo I – Lung Ten

108 predições de Lama Ganchen Rinpoche
e outros mestres do budismo tibetano

O *Oráculo I – Lung Ten* reúne frases que a psicóloga Bel Cesar, ao longo dos anos, foi anotando em cadernos de viagens, folhas soltas ou mesmo que permaneceram gravadas em sua memória durante seus encontros com Lama Ganchen Rinpoche e alguns grandes mestres do budismo tibetano: S. S. o Dalai Lama, Zopa Rimpoche, Gueshe Sopa, Gueshe Lobsang Tempa e outros.

Segundo Bel Cesar, a intenção em dispor as frases página após página é exatamente para que elas sejam usadas como um sistema de adivinhação: daí o nome oráculo: "Sempre procuramos soluções para nossos problemas; este oráculo será o primeiro de uma série e nos ajudará a encontrar soluções apropriadas para despertar nosso autodesenvolvimento", diz seu mestre Lama Gangchen.

Morrer não se improvisa

Relatos que ajudam a compreender as necessidades emocionais
e espirituais daqueles que enfrentam a morte

Ao compartilhar sua vivência clínica como psicóloga, Bel ensina que a morte pode se tornar mais tranquila se houver uma preparação psicológica e um acompanhamento espiritual anterior. O que ela propõe neste livro pode ser aplicado por qualquer pessoa, de qualquer religião. Discípula do mestre espiritual Lama Gangchen Rinpoche, Bel aplica a perspectiva budista no seu trabalho ao mesmo tempo que atende às necessidades espirituais de cada paciente.

A convite de Bel Cesar, dezessete representantes espirituais, médicos e terapeutas, do Brasil e do exterior, complementam o livro e nos mostram diversas maneiras de se fazer esse acompanhamento e pessoas que enfrentam a morte.